INFORMATIQUE ET ENSEIGNEMENT :
PROGRÈS OU ÉVOLUTION ?

DU MÊME AUTEUR

DESSUS, P., MARQUET, P. (1995). *Utiliser un Macintosh dans la classe.* Grenoble, CRDP, Collection École.

MARQUET, P., MATHEY, S., JAILLET, A., NISSEN, E. (Éds) (1999). *Internet-Based Teaching and Learning (IN-TELE) 98.* Frankfurt am Main, Peter Lang.

NISSEN, E., MARQUET, P. (2000). *Concevoir des projets pédagogiques avec l'Internet.* Rennes, CRDP de Bretagne.

FRINDTE, W., KÖHLER, T., MARQUET, P., NISSEN, E. (Éds) (2001). *Internet-Based Teaching and Learning (IN-TELE) 99.* Frankfurt am Main, Peter Lang.

DESMOULINS, C., MARQUET, P., BOUHINEAU, D. (Éds) (2003). *Actes de la conférence EIAH 2003 (Environnements Informatiques pour l'Apprentissage Humain).* Paris, INRP.

Pascal Marquet

Informatique et enseignement : progrès ou évolution ?

MARDAGA

Cet ouvrage s'appuie sur des recherches qui ont été menées par différentes équipes de travail, constituées autour des différents projets, dans lesquels l'auteur s'est trouvé engagé. Les publications originales dont certains éléments sont repris ici ont par conséquent parfois été signées à plusieurs, et notamment avec Jacques Baillé, Philippe Dessus, Jérôme Dinet, Nassira Hedjerassi, Alain Jaillet, Benoît Lemaire, Elke Nissen. L'auteur tient à remercier tous ses collègues pour leur contribution à sa réflexion et indirectement à la réalisation de cet ouvrage.

© 2004 Pierre Mardaga éditeur
Hayen 11 - B-4140 Sprimont (Belgique)
D. 2004-0024-27

À Anne, Pierre-Alain et Yann.

Chapitre 1
Introduction

L'impression de progrès, qui entoure l'informatique éducative, suggère que les outils pédagogiques modernes font plus et mieux que les anciens, comme le soulignent de nombreux comptes-rendus d'expériences. Mais cette impression est trompeuse car elle émane essentiellement de travaux, qui s'appuient sur des témoignages d'enseignants qui ont trouvé dans les objets techniques informatisés une médiation*[1] pédagogique à leur convenance, plutôt qu'un média* supérieur aux autres dans la transmission des contenus disciplinaires.

La satisfaction d'une minorité d'utilisateurs, bien relayée par des revues professionnelles d'audience nationale, ne vaut pas pour l'ensemble de la communauté éducative et l'intérêt pédagogique des TIC (Technologies de l'Information et de la Communication) ne peut se nourrir exclusivement de ce type d'arguments. À l'opposé, on trouve dans la littérature «scientifique» des analyses plus distanciées qui établissent des outils intellectuels susceptibles de rendre compte de l'influence des systèmes techniques dans les situations d'enseignement-apprentissage. Le fait que ces travaux soient conduits dans des disciplines académiques multiples leur confère un certain désordre conceptuel, sans vraiment y apporter de solution.

Cet ouvrage se propose d'aborder ces difficultés théoriques tout en les référant à des terrains et des pratiques, dans lesquels de multiples usages des TIC ont vu le jour et ont été observés. Pour cela, nous commençons par donner un aperçu du contexte actuel et du débat pédagogique qu'il suscite.

1.1. DES TIC DE PLUS EN PLUS PRÉSENTES

La conception technocratique dominante de l'école entretient aussi l'idée que les TIC permettent de passer d'une éducation artisanale à une éducation industrielle, améliorant ainsi son efficacité. Sous cet angle économique, la productivité éducative est supposée accrue, au sens où les investissements en matériels, en logiciels et en formation des personnels enseignants consentis par les autorités scolaires se matérialisent plus ou moins dans les résultats des élèves ou une quelconque amélioration de l'école. De ce point de vue d'ailleurs, l'industrie de l'électronique et des télécommunications de même que le secteur des services informatiques* et multimédias* profitent incontestablement du développement des usages des TIC dans le monde de l'enseignement. Par le passé, les vagues d'équipement ont constitué des occasions plus ou moins affichées de soutenir ces secteurs économiques à un niveau national dans la plupart des pays d'Europe. La mise en œuvre récente du plan eEurope est d'ailleurs présentée explicitement comme l'un des leviers susceptible d'améliorer la position de notre continent dans la compétition à laquelle se livrent les zones économiques de l'Europe, de l'Amérique du Nord et de l'Asie du Sud-Est.

Le volet eLearning, qui en est la déclinaison éducative, consacre non seulement les efforts de recherche, de développement et d'éducation déjà réalisés par les États membres en matière de TIC, mais aussi et surtout fixent les priorités et les convergences souhaitables à l'échéance de 2004. L'ambition principale de ce programme de travail incitatif[2] est de lutter contre ce qu'il est désormais convenu d'appeler la fracture digitale, qui qualifie l'écart observé en termes de culture technique et d'accès aux TIC entre les différentes générations, les différentes catégories socioprofessionnelles et les différentes régions de l'Europe.

Les mesures envisagées couvrent deux volets :
− le premier concerne l'amélioration des infrastructures, toutes les salles de classes devant être connectées à l'Internet* depuis la fin de 2002, pour ensuite parvenir à un taux d'équipement homogène d'un ordinateur multimédia pour 5 à 15 élèves d'ici 2004, y compris dans les pays récemment entrés dans l'Union Européenne ;
− le second porte sur la formation à tous les niveaux de la scolarité et tout au long de la vie par l'incitation des enseignants à l'usage des technologies numériques et la création de plates-formes d'apprentissage en ligne et d'enseignement à distance depuis 2002, par l'adaptation des programmes scolaires et la possibilité pour chaque travailleur d'acquérir une culture numérique à partir de 2003.

C'est dans ce contexte techno-économique qu'en France en particulier se met en place et se prolonge un certain nombre d'actions, engagées depuis 1998 dans le cadre du programme «Préparer l'entrée de la France dans la Société de l'Information»[3]. Si les appels à projets «Campus numériques français» et le B2I (Brevet Informatique et Internet) décliné pour les écoles et collèges[4], d'une part, et pour les adultes en formation continue[5], d'autre part, figurent à cet égard parmi les mesures incitatives et réglementaires les plus récentes et les plus visibles, de multiples initiatives et réalisations sont recensées et indexées par les différents services de veille, comme celui du Ministère de l'éducation nationale[6]. Un nombre sans cesse croissant de ressources en ligne et hors ligne y sont signalées afin de faciliter leur localisation par les enseignants, à l'échelon national et à l'échelon européen, comme en témoigne les travaux réalisés par *European Schoolnet* (Vuirokari, 2003).

1.2. LES TERMES DU DÉBAT PÉDAGOGIQUE

En réponse au foisonnement et à la dispersion des ressources pédagogiques numériques, les autorités éducatives françaises ont déposé la marque RIP (Reconnu d'Intérêt Pédagogique) auprès de l'INPI (Institut National de la Propriété Industrielle). Ce label[7], qui avait déjà été attribué à 430 CD-ROM et DVD-ROM sur 1.700 à la fin de l'année 2002, vise à identifier et à promouvoir du matériel pédagogique satisfaisant aux exigences fixées par le Ministère. Notre propos n'est pas ici de discuter de la façon dont sont ou devraient être formulées ces exigences, et encore moins de nous attarder sur le protocole d'attribution du certificat de qualité. Il s'agit davantage de soulever les questions théoriques récurrentes auxquelles l'introduction des TIC nous renvoie depuis plus de trente ans maintenant, et que les pratiques actuelles interrogent. Ce faisant, nous nous situons davantage en aval de la situation pédagogique, dans ce que les TIC ont effectivement et objectivement provoqué, plutôt qu'en amont, dans ce qu'elles offrent de potentialités.

À cet égard, l'introduction des dispositifs* techniques dans le système éducatif ne s'est pas toujours accompagnée d'un souci de mesure rigoureuse de ses conséquences pédagogiques de la part des autorités scolaires. En effet, le point de vue des promoteurs des TIC a longtemps été influencé par le contexte général de leur introduction. Les premières expériences, en particulier, ont davantage été conduites dans un esprit d'exploration des potentialités, que dans une perspective d'établissement d'une plus-value pédagogique. Par la suite, les plans d'extension se sont succédés dans une ambiance volontariste et il s'agissait essentiellement de mettre en avant les atouts de l'informatique éducative plutôt que de dresser des bilans objectifs. Si les démarches d'évaluation des effets pédagogiques n'ont pas toujours été initiées par l'institution elle-même, enseignants, chercheurs, parents et observateurs débattent, quant à eux, depuis plus de trente ans des transformations consécutives aux TIC avec, en filigrane, l'illusion naïve selon laquelle la modernité de la technique s'oppose implicitement au caractère traditionnel des autres démarches pédagogiques.

Quoi qu'il en soit, le problème de la valeur ajoutée pédagogique des TIC, pour reprendre l'expression de Dieuzeide (1994), se pose davantage comme le suggère Pouzard (1999) : l'ère industrielle dans laquelle la société occidentale évolue depuis deux siècles a produit une école dont l'équilibre s'est établi autour d'un enseignement présentiel. L'ère de l'information, à l'aube de laquelle il semble que nous nous trouvions, verra sans doute une autre école lui correspondre. À travers l'étude des effets pédagogiques de l'informatique, ce sont donc les contours de l'école de notre société en cours de transformation qui sont interrogés. Dès que l'on y regarde de plus près, l'étude des effets pédagogiques des TIC renvoie à la façon dont toute une communauté d'observateurs scrute cet objet que constituent les situations d'enseignement-apprentissage faisant intervenir des systèmes techniques. La succession des dénominations comme EAO (Enseignement Assisté par Ordinateur), à laquelle certains détracteurs se sont empressés d'ajouter un I, donnant EIAO (Enseignement Intelligemment Assisté par Ordinateur), rebaptisé ensuite Environnements Interactifs d'Apprentissage par Ordinateur, et plus récemment EIAH (Environnements Informatiques pour l'apprentissage Humain), témoigne de la plasticité intellectuelle dont ces observateurs ont dû faire preuve au cours de ces trente dernières années pour mener leurs comparaisons. De nouveaux termes émergent, comme les ENT (Espaces Numériques de Travail), expression à laquelle nous préférons celle d'ENTAP (Environnements Numériques de Travail et d'Apprentissage Partagé) et qui désigne les plates-formes dédiées à l'enseignement.

Il reste que la tradition comparatiste classique de la technologie de l'éducation, qui consiste à étudier les répercussions d'un recours aux TIC en référence à une situation où elles sont absentes, se heurte à deux obstacles méthodologiques majeurs. Le premier provient du temps trop faible consacré aux TIC en contexte scolaire ou en formation. Ce temps ne dépasse que très rarement 10 % de l'activité pédagogique d'une journée ou d'une semaine, ce qui en rend les bénéfices forcément minimes, et difficiles à déceler en surface (Baron & Bruillard, 1996). Le second provient du fait que les comparaisons portent sur des situations, certes comparables, mais qui possèdent en même temps des caractéristiques extrêmement divergentes, ce qui confère aux conclusions que l'on peut en tirer une portée très limitée (De Vries, 2001). Il devient alors tentant de renoncer à toute approche comparative, pour se consacrer à l'étude des éléments plus périphériques, apparus d'ailleurs au détour des multiples tentatives de mesure des différences de rendement pédagogique :

motivation des élèves, investissement personnel des enseignants, implication des parents, etc.

1.3. L'APPROCHE CHOISIE

Cet ouvrage n'est pas un manifeste pour le rétablissement ou le maintien coûte que coûte des méthodes comparatives. Nous suggérons simplement que nous n'avons peut-être pas encore à notre disposition les outils intellectuels qui nous permettraient de voir des différences invisibles à l'œil nu, ou, plus largement, de montrer des modifications imperceptibles avec nos seuls sens d'observateurs ou de praticiens. Pour parvenir à une telle vision des choses, nous proposons un parcours en plusieurs étapes et nous illustrons les différents paradigmes comparatistes qui ont cours dans les travaux sur les TIC.

En effet, trois conceptions du recours aux TIC se sont succédé au cours de ces vingt dernières années et ont orienté les choix des modèles* et la formulation des hypothèses des études comparatives (*cf.* fig. 1). La première façon de considérer les TIC, que nous qualifions de *technicisée*, consistait à tenter d'établir l'éventuelle valeur ajoutée de l'introduction des systèmes techniques dans les situations d'enseignement-apprentis-

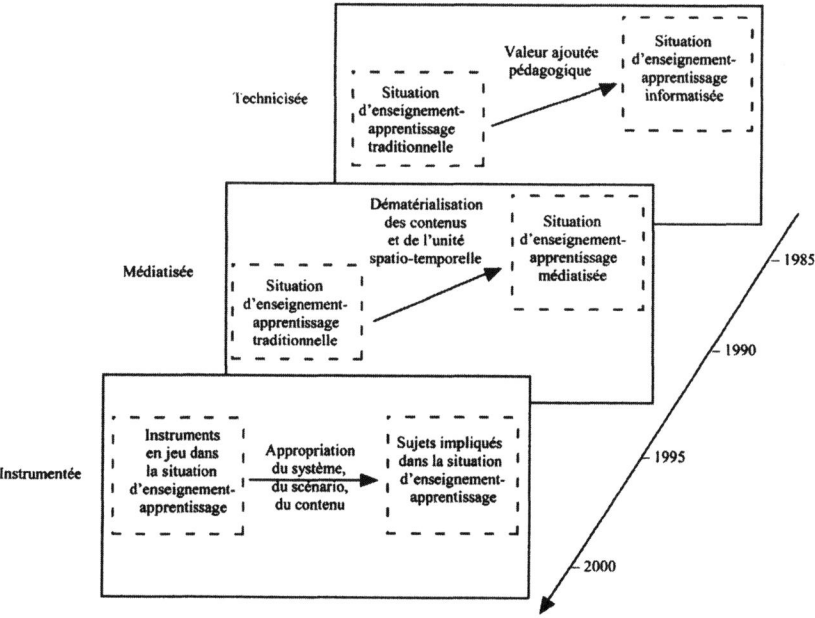

Figure 1 — Les trois conceptions du recours aux TIC.

sage. La seconde conception, dite *médiatisée*, mettait l'accent sur la dématérialisation des contenus d'enseignement et de l'unité spatio-temporelle des situations, rendus possibles par l'usage des réseaux numériques. Enfin, la troisième vision que nous retenons est celle des situations d'enseignement-apprentissage *instrumentées*, qui permet de comprendre pourquoi les variations observées sont si peu nombreuses et si locales. Le fait de se focaliser sur l'attribution de fonctions par les usagers et sur la construction et l'adaptation de leurs habiletés confère aux usages dominants et antérieurs aux systèmes techniques une importance insoupçonnée.

Il apparaît aussi, avec le recul, que chacun de ces paradigmes correspond à son époque, au sens où il résulte d'un niveau de développement de la technique, des usages pédagogiques permis et des théories de l'apprentissage dominantes. Ainsi, et schématiquement, au début des années quatre-vingt-dix, et dans le prolongement des années quatre-vingts qui ont vu la généralisation des équipements informatiques dans les établissements scolaires, les systèmes techniques sont majoritairement hors ligne, parfois multimédias. Il s'agit, au cours de cette période, de montrer ce qui change et, si possible, de faire la preuve que leur introduction apporte de la valeur ajoutée qu'il faut caractériser dans un cadre théorique fortement influencé par le traitement humain de l'information. À partir du milieu des années quatre-vingt-dix, la généralisation des réseaux dévie les préoccupations vers les questions de média et de communication à distance. On raisonne toujours en termes de transformations, mais, cette fois-ci, résultant de la dématérialisation de la situation. La conception de l'apprentissage qui domine est davantage d'inspiration constructiviste. Depuis peu, la banalisation de l'exploitation pédagogique des systèmes techniques et des réseaux fait porter l'attention sur des aspects internes aux sujets, enseignant comme apprenants. La question centrale devient celle de l'appropriation alors inévitable sous un angle désormais socio-constructiviste.

Après ce premier chapitre introductif, le chapitre deux nous permettra de revenir sur les évolutions des matériels, sur les choix politiques successifs qui ont façonné le paysage actuel des TIC dans le milieu scolaire français. De ce regard rétrospectif émergera l'idée que si les usages évoluent, les questions demeurent et, avec elles, les difficultés d'y apporter des réponses. Sans prétendre résoudre complètement ces difficultés, nous commencerons par distinguer deux niveaux d'analyse des situations d'enseignement-apprentissage, l'un microscopique et l'autre macroscopique, pour nous intéresser plus longuement à celui qui nous paraît le plus prometteur, bien qu'étant le moins accessible : le niveau microscopique.

Le troisième chapitre est consacré à la vision technicisée et à l'exploration à un niveau microscopique de quelques-unes des transformations consécutives à l'introduction des TIC. À la lumière de trois études comparatives, selon un schéma «avec *vs* sans système technique» impliquant la télé-présentation, le CD-ROM, la vidéo différée à côté d'une pédagogie classique, nous mettons au jour une succession de modifications. À ce stade, la notion de technicisation de la médiation de l'enseignement nous permet de décrire les phénomènes qui relient les conditions d'énonciation d'un discours pédagogique et le comportement d'auditeur des apprenants.

Dans le chapitre quatre, nous passons d'une vision technicisée des situations d'enseignement-apprentissage à une vision médiatisée. Le fait de considérer les situations comme caractérisées par le recours à un média ou à un autre, au lieu de s'intéresser à la présence ou à l'absence d'un système technique, permet momentanément de poser de nouvelles hypothèses de transformation. Malheureusement, elles ne se vérifient que rarement dans un contexte pédagogique, comme le suggèrent les trois études inter-médias que nous présentons et qui traitent de l'exploitation pédagogique de l'Internet et de la visioconférence. Nous proposons de surmonter cette nouvelle difficulté en considérant désormais les situations observées comme instrumentées.

Le chapitre cinq est l'illustration de la pertinence de cette façon de concevoir les situations d'enseignement-apprentissage. Il s'agit dès lors de mettre au jour les phénomènes de genèse instrumentale et de montrer comment les procédés pédagogiques dominants s'accommodent des instruments* informatisés et, réciproquement, comment ces derniers sont détournés au profit de scénarios scolaires bien établis. Deux études permettent notamment de voir à quel point les enseignants influencent les usages et restent maîtres de l'acte d'enseigner, ne déléguant que très peu celui d'apprendre aux élèves, comme le laissent espérer des dispositifs complexes comme les cartables numériques.

Au total, ce ne sont pas moins de huit expérimentations ou observations sur lesquelles nous revenons afin d'esquisser le cadre d'analyse qui nous paraît le plus achevé aujourd'hui et le plus susceptible de rendre compte de l'impact des TIC en éducation. C'est dans ce cadre que nous portons le débat sur l'administration de la preuve de cet impact et sur l'articulation entre recherche et pratique. Nous terminons en décrivant l'approche qu'il nous paraît intéressant de développer, à un moment où les incitations institutionnelles sont plus fortes et peut-être aussi plus aveugles que jamais : l'étude des interactions entre les objets didactiques, les objets pédagogiques et les objets techniques.

NOTES

[1] Les mots suivis d'un astérisque sont définis dans un glossaire choisi figurant à la fin de cet ouvrage (p. 125-130).
[2] Il peut être consulté dans son intégralité à l'adresse http://europa.eu.int/comm/education/ programmes/elearning/index_fr.html (dernier accès en juin 2004).
[3] Le programme d'action gouvernemental est consultable à l'adresse http://archives.internet. gouv.fr/affichage.php?val=/francais//textesref/cisi190199/sommaire.htm (dernier accès en juin 2004).
[4] BO n° 42 du 23 novembre 2000; pour une vue plus synthétique, voir p. 279-280 de Conseil National des Programmes (2002a) et p. 67 de Conseil National des Programmes (2002b).
[5] BO n° 31 du 30 août 2001.
[6] Voir la base de données du site http://www.educlic.education.fr (dernier accès en juin 2004).
[7] La liste des produits est consultable à l'adresse http://www.educnet.education. fr/res/liste.htm (dernier accès en juin 2004).

Chapitre 2
L'évolution des matériels informatiques et des usages pédagogiques

Si l'on considère l'informatique comme la discipline scientifique du traitement automatique de l'information, les réalisations relevant de l'informatique sont bien antérieures à la naissance des ordinateurs, dans la mesure où l'être humain a, depuis toujours, mis au point des dispositifs destinés au traitement automatique de l'information. Ainsi, par exemple, les clepsydres apparaissent en Égypte pour indiquer l'heure 1550 ans avant notre ère et, vers 500 avant J.-C., le boulier voit le jour au Moyen-Orient pour faciliter les calculs. Le Moyen Âge voit la réalisation d'horloges astronomiques très élaborées et, au XVIIe siècle, Pascal et Leibnitz mettent au point leurs complexes machines arithmétiques respectives. Ces quelques exemples témoignent non seulement de l'antériorité de l'informatique par rapport aux ordinateurs, mais aussi du type d'application auquel l'informatique s'est d'abord intéressée : le calcul.

L'utilisation de cartes perforées sur les métiers à tisser au cours du XVIIIe siècle et les réalisations mécanographiques du XIXe siècle, en particulier à l'occasion du recensement des États-Unis de 1890[1] étendent ensuite le champ d'application de l'informatique à la programmation et à la manipulation d'importantes quantités de données. Dès le début du XXe siècle, l'informatique englobe aussi le traitement automatique du texte, avec notamment l'invention du téléscripteur. Enfin, c'est au cours de la deuxième guerre mondiale, extrêmement gourmande en information (espionnage, décodage, balistique, etc.), que sont mises en place en Grande-Bretagne et aux États-Unis des équipes de recherche visant à développer des machines capables de traiter automatiquement les informations en provenance du renseignement. À cette époque, les principes mécanographiques et électromécaniques sont peu à peu abandonnés, au profit de principes logiques et électroniques qui donneront naissance aux véritables ordinateurs.

2.1. LE TEMPS DE RÉACTION TRÈS COURT DE L'INSTITUTION SCOLAIRE

C'est donc dans les années 1945-1950 que sont établis les principes logiques et architecturaux auxquels sont affiliés les microprocesseurs qui équipent les machines grand public fabriquées aujourd'hui. En moins d'un quart de siècle, l'informatique aura investi tous les secteurs de l'activité humaine y compris celui de l'éducation. Contrairement à une idée reçue, le système éducatif français a très tôt pris la mesure de l'ampleur du phénomène de l'informatisation de la société, pour reprendre l'expression de Nora et Minc (1978).

Alors que les machines disponibles étaient soumises à des évolutions incertaines, l'informatique est d'abord prise en compte dans la scolarisation et la formation par la création de diplômes validant des compétences, professionnelles dans un premier temps, académiques dans un second temps (Baron, 1989). Dès 1970 démarre une longue série d'initiatives gouvernementales dont la dernière en date n'en est que l'aboutissement provisoire. On ne peut évoquer les différentes vagues d'équipement mises en œuvre par l'Éducation Nationale sans s'arrêter un instant sur l'évolution des ordinateurs jusqu'à l'avènement de la micro-informatique. La micro-informatique ne constitue d'ailleurs pas le point de départ de l'automatisation de l'enseignement, mais celui de l'application à grande échelle de l'informatique à l'enseignement. À quelques écarts de dates près, les auteurs s'accordent à distinguer quatre générations de machines entre les premiers mastodontes électromécaniques et les micro-ordinateurs actuels connectés à l'Internet (Birrien, 1990 ; Breton, 1987 ; Lévy, 1990).

2.1.1. L'évolution des ordinateurs

Plutôt que d'ordinateur, il faut d'abord parler de calculateur pour la période qui couvre l'après-guerre (1945-1950). Comme nous venons de le voir, ces machines qui demeurent des prototypes se caractérisent par l'abandon de l'architecture électromécanique au profit de circuits électroniques à tubes. Elles occupent des étages entiers de bâtiments, pèsent plusieurs tonnes et leur consommation électrique est énorme. Elles sont utilisées à des fins militaires et nécessitent d'être programmées pour chaque calcul, en recâblant directement les circuits sur une sorte de panneau inspiré des standards téléphoniques.

La première véritable génération d'ordinateurs (1950-1959) coïncide avec le début de leur fabrication industrielle. La taille des tubes électroniques diminue et des mémoires permettent d'enregistrer les programmes qui sont transmis sous la forme d'instructions en code binaire au moyen de cartes et de rubans perforés. Au cours de cette décennie, les méthodes de programmation progressent et donnent naissance aux premiers langages d'assemblage évolués. En même temps, les informations générées par les traitements sont stockées sur des supports magnétiques comme les disques et les bandes. Les applications s'élargissent au calcul scientifique et à la comptabilité.

La deuxième génération (1959-1965) couvre l'époque de la transistorisation. Les tubes sont progressivement remplacés par des transistors mis au point quelques années auparavant. La taille diminue sensiblement et les machines n'occupent plus que le volume d'une grosse armoire. Le concept de système d'exploitation s'impose du fait de la nécessité de gérer les échanges entre les différentes unités d'entrée, de traitement et de sortie des ordinateurs. Les traitements des machines sont optimisés par la multiprogrammation, qui permet à plusieurs utilisateurs d'exploiter le même ordinateur en y étant connecté par un terminal qui prend la forme d'un clavier-écran.

La troisième génération (1965-1971) est celle de l'intégration et de la standardisation. Elle se caractérise, d'une part, par l'augmentation de la densité des composants électroniques et l'apparition des circuits intégrés en remplacement des transistors et, d'autre part, par la possibilité de pouvoir résoudre différents problèmes sur une même machine. C'est aussi la naissance et l'adoption de l'octet (8 symboles numériques binaires) qui permet de coder les lettres et les chiffres traités par les programmes. On commence à accéder à des machines à distance et les premiers réseaux d'ordinateurs se mettent en place à des échelles géographiques nationales.

Bien qu'il n'y ait pas de véritable rupture matérielle et logicielle, il semble que l'on puisse parler d'une quatrième génération, qui correspond aux progrès de la miniaturisation (1971-1976). Les circuits intégrés sont remplacés par les microprocesseurs. Les mémoires centrales augmentent en capacité et diminuent en coût pendant que les cadences des horloges s'accélèrent considérablement. Les imprimantes à aiguilles et les disques souples font leur apparition. Les langages de commande gagnent en convivialité tandis que les réseaux nationaux existants commencent à s'interconnecter. À la fin de cette période, les possibilités de traitement ont énormément progressé et l'encombrement des machines a diminué au point qu'il est devenu possible de placer une machine sur un bureau. En même temps, les coûts d'acquisition et la facilité d'exploitation ont permis aux non-informaticiens de les utiliser, faisant ainsi émerger la micro-informatique.

À partir de la fin des années 1970, la micro-informatique se distingue de l'informatique lourde qui continue à se développer et à offrir des possibilités et des vitesses de calcul toujours plus importantes. Le palier constitué par cette quatrième génération, remarquable par la stabilité architecturale et les possibilités d'amélioration qu'il procure encore, marque le début des expériences de l'utilisation pédagogique de l'informatique, à petite, puis à grande échelle.

2.1.2. Les vagues successives d'équipement des établissements scolaires

Bien que l'équipement des établissements scolaires n'ait jamais été la seule préoccupation du Ministère de l'Éducation Nationale[2], la présence et le nombre de micro-ordinateurs restent ce qu'il y a de plus visible, tant pour les enseignants et les élèves que pour leurs parents. Au point que, depuis le transfert de compétence vers les collectivités territoriales, les achats de matériels micro-informatiques pour les écoles, collèges et lycées sont l'objet d'enjeux qui dépassent les dotations elles-mêmes. Quoi qu'il en soit, des premières expériences d'introduction des TIC dans les lycées à la généralisation de la connexion à l'Internet, deux préoccupations pédagogiques majeures ont guidé les promoteurs des actions entreprises :
— rechercher comment l'informatique peut se mettre au service des différentes disciplines (informatique outil),
— réfléchir à de nouvelles méthodes de pensée et de travail induites par l'informatique elle-même (informatique objet).

Baron (1989), Mucchielli (1987), ainsi que Picard et Braun (1987) nous fournissent une chronique des événements de 1970 à 1985. Nous nous en inspirons pour dégager les dates et les orientations qui expliquent en partie les contours de l'informatique scolaire aujourd'hui. En 1970 débute une première action d'envergure nationale qui sera ensuite dénommée «des 58 lycées» et qui durera jusqu'en 1976. Il s'agit d'abord de former plus de 500 enseignants du second degré de toutes disciplines et d'équiper, à partir de 1972, les lycées concernés en mini-ordinateurs[3]. Des formations lourdes d'un volume supérieur à 250 heures, centrées sur la technique se déroulent sur une année scolaire dans les locaux des constructeurs d'ordinateurs (IBM, Honeywell-Bull et la Compagnie Internationale pour l'Informatique — CII), en même temps que des formations légères davantage axées sur des aspects culturels sont dispensées par correspondance. À leur retour dans leur établissement, les stagiaires[4] « lourds » ont pu bénéficier de décharge de service, afin d'assurer des tâches d'animation auprès des élèves et de formation auprès de leurs collègues.

Il faut ensuite attendre 1979 pour que se réalise l'opération « 10.000 micro-ordinateurs » qui est l'occasion de passer d'une logique expérimentale à une logique de large diffusion. Il était prévu, sur six ans, d'équiper de micro-ordinateurs un certain nombre de lycées et de former jusqu'à 30.000 enseignants, mais de façon moins approfondie qu'auparavant (75 heures). Cette première phase d'extension de l'informatique dans les lycées soulève le problème du manque de didacticiels. Ils sont en effet peu nombreux ou inexploitables sur les matériels distribués, malgré les efforts d'uniformité et de rationalisation réalisés jusque-là en matière de programmation, notamment à travers le langage spécifique LSE (Langage Symbolique d'Enseignement), développé dès 1970 et implanté sur toutes les machines distribuées jusqu'à la fin des années quatre-vingts. Si bien qu'en 1981, à l'occasion du changement de gouvernement, en plus des formations légères d'utilisateurs, des formations lourdes d'animateurs sont de nouveau envisagées ; 500 enseignants en bénéficient chaque année, l'objectif étant d'inciter à l'usage, d'adapter les logiciels existants, de participer à des recherches et de créer des didacticiels. En 1983, le plan « 100.000 micro-ordinateurs » lancé dans le cadre du 9e plan permet d'étendre les mesures d'équipement et de formation à tous les niveaux de l'enseignement, faisant à leur tour entrer les collèges et les écoles primaires dans l'ère de l'informatique pédagogique.

La montée en puissance des efforts d'équipement et de formation atteint un nouveau palier en 1985, à l'occasion de la mise en œuvre du plan IPT (Informatique Pour Tous), qui consacre la généralisation de l'informatique dans le système éducatif français. Selon les chiffres officiels (Premier Ministre, 1985), 46.000 établissements se sont partagés 120.000 machines[5], doublant ainsi en une année scolaire le parc de l'Éducation Nationale. 33.000 écoles de taille modeste reçoivent une configuration de base, tandis que 12.000 lycées, collèges et écoles de plus grande taille sont dotés d'un nanoréseau et d'un modem. La mise au point et la diffusion des nanoréseaux marquent une étape importante dans l'évolution de l'équipement des établissements scolaires, en particulier dans le second degré. Ainsi, en offrant d'une part aux enseignants et aux élèves une architecture client-serveur et des fonctionnalités de communication poste à poste, ce réseau, qui est d'abord installé dans une seule et même pièce (souvent matérialisée par des barreaux aux fenêtres), ouvre la voie aux futurs réseaux internes d'ordinateurs. La mise à disposition, d'autre part, d'un modem donne lieu aux premiers usages télématiques scolaires.

Le plan prévoyait aussi des mesures de formation massives : les enseignants ayant bénéficié des dispositifs lourds des années précédentes ont pu initier 110.000 de leurs collègues, à raison de 30 heures massées prises parfois sur les congés scolaires (Ministère de l'Éducation Nationale, 1985). La généralisation de l'informatique outil ouvre la voie à l'enseignement de l'informatique objet et des instructions officielles indiquent désormais des contenus informatiques disciplinaires tout au long de la scolarité obligatoire : programmation en langage Logo à la fin de l'école élémentaire, apparition de la technologie se substituant à l'éducation manuelle et technique au collège et option informatique au lycée. Outre ces volets d'équipement, de formation et d'institutionnalisation de l'informatique, IPT visait des objectifs d'alphabétisation informatique auprès de tous les citoyens. Les micro-ordinateurs installés dans les établissements scolaires pouvaient aussi être mis à disposition des associations qui en auraient fait la demande et ainsi permettre à des adultes de s'initier à leur utilisation en dehors du temps scolaire. On retrouvera cette même idée d'accès aux TIC pour tous, avec l'ouverture de locaux, à l'initiative des collectivités territoriales, offrant des matériels connectés à l'Internet et des activités encadrées par des travailleurs sociaux.

La deuxième moitié des années quatre-vingts est un tournant, dans la mesure où la généralisation récemment opérée marque aussi la fin de l'engagement de l'État de façon centralisée dans le processus d'informatisation de l'école. Seule la diffusion de logiciels bénéficiera durablement du soutien du Ministère de l'Éducation Nationale, et ce indépendamment des alternances politiques. Des concours nationaux de scénarios de logiciels éducatifs sont organisés, visant à stimuler la créativité des enseignants, et des tarifs « éducation » sont négociés avec les principaux éditeurs, afin de permettre aux établissements de s'équiper et d'éradiquer les pratiques illicites de piratage. Le début des années quatre-vingt-dix se caractérise par la poursuite des efforts d'introduction des ordinateurs à l'école, à l'initiative des collectivités territoriales, et par la diversification de l'offre de formation à l'informatique éducative, à l'initiative des IUFM pour les enseignants du premier degré et des MAFPEN (Missions Académiques à la Formation des Personnels de l'Éducation Nationale) pour ceux du second degré. Les communes pour les écoles, les départements pour les collèges et les régions pour les lycées ont dû faire face au remplacement des premiers matériels devenus obsolètes du fait de l'adoption des standards PC (Personal Computer) et Windows®.

Les priorités budgétaires locales et les choix lors de l'élaboration des plans académiques de formation ont provoqué de grandes disparités sur l'ensemble du territoire en termes d'équipement des établissements scolaires et de compétences professionnelles chez les enseignants. Au cours de cette même période, la micro-informatique s'est aussi largement diffusée auprès du grand public, en particulier dans les foyers des classes moyennes-aisées avec enfants d'âge scolaire, pour lesquelles le micro-ordinateur ou la console de jeux vidéo constituent un équipement domestique courant (Perriault, 1996). Entre-temps, les éditeurs ont abandonné les uns après les autres le marché strictement éducatif et la politique de soutien financier du Ministère a été interrompue en 1996 (Pouts-Lajus & Riché-Magnier, 1998). Les éditeurs ont davantage porté leur attention sur les logiciels d'accompagnement scolaire qui, à la faveur des regroupements des industriels des médias, sont réalisés dans une perspective de diffusion mondiale et déclinés pour les marchés correspondants aux différentes langues nationales. Au cours de la deuxième moitié des années quatre-vingt-dix, une partie non négligeable de la population scolaire possède des habiletés d'utilisateurs en avance sur celles des enseignants, au point que la culture technique se diffuse davantage en passant de la famille vers l'école et non inversement comme cela avait été le cas jusqu'alors.

C'est précisément pour rétablir l'égalité territoriale et le flux de la culture technique de l'école vers la famille qu'en 1997 est lancé le plan de raccordement de tous les établissements scolaires à l'Internet. Le Ministère de l'Éducation Nationale renoue avec les interventions centralisées, tout en laissant aux collectivités territoriales la maîtrise d'œuvre des travaux et le choix des matériels. Comme par le passé, les priorités affichées portent sur les trois mêmes points, déclinés pour la technologie disponible : les installations, l'utilisation à des fins pédagogiques et le développement d'une industrie. Ainsi, donner accès au réseau à tous les élèves, recourir à tous les logiciels susceptibles de servir les apprentissages et encourager la production d'applications multimédias à vocation éducative constituent les voies actuelles de l'informatisation de l'école, sur lesquelles s'est établi un consensus tant national qu'européen.

2.2. L'ÉVOLUTION DES USAGES PÉDAGOGIQUES

Rétrospectivement, les différentes phases de l'introduction des TIC dans le système éducatif français semblent davantage soumises à la nécessité de suivre au plus près les progrès techniques que de transformer les pratiques pédagogiques. Bien que l'espoir d'une telle transformation et d'une amélioration du rendement scolaire ait toujours affleuré et affleure encore dans le discours des autorités scolaires, l'observation minutieuse des multiples situations d'enseignement-apprentissage que nous avons pu conduire révèle, au contraire, que l'appropriation des systèmes techniques par les enseignants demeure superficielle. Par appropriation superficielle, nous suggérons que les enseignants utilisent assez volontiers les matériels et les logiciels mis à leur disposition, mais que, ce faisant, ils n'exploitent en eux que ce qui correspond aux routines professionnelles collectives.

2.2.1. Panorama des usages courants et des outils disponibles

La distinction initiale entre l'informatique outil d'enseignement et l'informatique objet d'enseignement constitue une première façon d'établir différentes formes d'usage. En première approximation, on peut dire que les pratiques des enseignants se situent nécessairement entre ces deux pôles, au gré des instructions officielles et des possibilités matérielles et logicielles. Au fil des années, l'une de ces préoccupations a pu occuper le devant de la scène au détriment de l'autre (Baron & Bruillard, 1996). On a vu notamment l'enseignement assisté par ordinateur dominer, puis décliner, pour faire l'objet d'un regain d'intérêt avec les promesses de l'intelligence artificielle, avant de retomber aux oubliettes. On a aussi assisté à des incitations très fortes à la programmation, tant à l'école primaire qu'au collège, et à un abandon progressif de ces pratiques. Il semble néanmoins qu'aujourd'hui, l'informatique outil et l'informatique objet cohabitent plus pacifiquement que par le passé et qu'un consensus se soit établi, notamment dans les usages que les enseignants font de l'Internet, tantôt en y prélevant des informations d'intérêt pédagogique, tantôt en y publiant leurs réalisations ou des travaux d'élèves, tantôt en y conduisant des activités de communication.

Lorsque l'inventaire des usages pédagogiques et des outils disponibles devient plus précis, il se heurte aux deux principales difficultés de l'exercice : il verse rapidement dans la typologie partisane et la typologie nécessite d'être modifiée dès que de nouveaux dispositifs voient le jour. Ainsi, Mucchielli (1987) nous propose une entrée par les potentialités pédagogiques et distingue des logiciels à vocation éducative et des logiciels non éducatifs mais utilisés à des fins pédagogiques. Dans la première catégorie sont rangés les didacticiels, les livres sur ordinateurs, les jeux éducatifs, les logiciels d'entraînement, les tutoriels, les logiciels de simulation, les logiciels d'aide à la création et les langages de programmation. Dans la seconde catégorie se trouvent les logiciels professionnels, les systèmes-auteurs, les systèmes experts, les logiciels d'aide à la traduction et les jeux. Picard et Braun (1987) de même qu'Hufschmitt (1989) font une distinction par courants pédagogiques. Pour eux, les usages que font les enseignants obéissent à des choix pédagogiques plus ou moins explicites qui couvrent quatre grandes sensibilités éducatives : l'enseignement programmé issu de la pédagogie béhavioriste, la programmation des micro-mondes* et la lecture des hypertextes* héritées de la pédagogie génétique, l'utilisation des logiciels professionnels inspirée de la pédagogie institutionnelle et l'exploitation des bases de données et des réseaux télématiques fidèle à la tradition humaniste de l'enseignement.

Plus récemment, nous avons proposé de distinguer quatre grandes catégories de produits (Marquet, 1998), en insistant sur le rôle qu'ils peuvent tenir dans une situation d'enseignement-apprentissage :

– Une première catégorie est constituée des *logiciels-outils* utilisés dans les différents univers professionnels et dont l'appropriation fait partie de la scolarité ou de la formation. Ils ont un rôle d'objet d'enseignement et tous les logiciels du marché utilisés dans l'exercice d'une profession, du plus spécialisé au plus diffusé, s'inscrivent dans cette catégorie.

– Une deuxième catégorie est composée des *instruments pédagogiques* utiles à l'enseignant. Sont considérés comme tels les logiciels exploités en tant qu'outils d'enseignement, comme les micro-mondes (Logo, Cabri-géomètre, etc.) et tous les logiciels de la première catégorie détournés pour un usage scolaire et chargés d'exécuter une tâche concomitante ou complémentaire à l'enseignement, comme les récents cartables numériques.

– Une troisième catégorie de produits rassemble tout ce qui s'apparente de près ou de loin à des *manuels électroniques*. Avec des possibilités d'interactivité* plus ou moins importantes, ces systèmes ne font que délivrer des informations à l'utilisateur et jouent un rôle illustratif[6], qu'il ait ou non un projet d'apprentissage. Figurent ici notamment tous les CD-ROM encyclopédiques, certains sites Web, les tuteurs, ainsi que les logiciels d'entraînement.

– Une quatrième et dernière catégorie réunit les *simulateurs*, qui reproduisent un environnement qu'il est nécessaire d'étudier ou dans lequel l'apprenant est appelé à évoluer ultérieurement. Ils tiennent un rôle reproductif et il s'agit, pour l'essentiel, de logiciels pointus, développés pour les disciplines scientifiques, ou de systèmes de pilotage d'engins ou de surveillance de processus industriels.

À côté de ces différentes entrées qui ont toutes en commun de placer les logiciels au premier plan, De Vries (2001) propose une vision originale en inventoriant les fonctions pédagogiques qui sont habituellement assignées aux logiciels. Elle recense ainsi huit fonctions pédagogiques exhaustives et exclusives, chacune étant caractérisée par un triplet : tâche de l'apprenant, théorie de l'apprentissage sous-jacente, statut accordé aux connaissances (*cf.* tableau 1). Bien que cette typologie n'échappe pas non plus à la nécessité de faire référence *in fine* à des produits en usage, elle présente l'intérêt de pouvoir en accueillir de nouveaux sans devoir être remaniée, du fait même que les fonctions pédagogiques sont

Tableau 1 — Les huit fonctions pédagogiques et leurs caractéristiques, d'après De Vries (2001, p. 112).

Fonction pédagogique	Type de logiciels	Théorie de l'apprentissage	Tâche assignée à l'utilisateur	Statut des connaissances
Présenter de l'information	tutoriels	cognitiviste	lire	présentation ordonnée
Dispenser des exercices	*exerciceurs*	béhavioriste	faire des exercices	association à former
Véritablement enseigner	tuteurs intelligents	cognitiviste	apprendre	représentation
Captiver l'attention et la motivation des élèves	jeux éducatifs	béhavioriste	jouer	*répétition*
Fournir un espace d'exploration	Hypermédias* et multimédias	cognitiviste constructiviste	explorer	présentation en accès libre
Fournir un environnement pour la découverte de lois naturelles	*simulateurs*	constructiviste	manipuler observer	modélisation
Fournir un environnement pour la découverte de domaines abstraits	micro-mondes	constructiviste	construire	matérialisation
Fournir un espace d'échange entre les élèves	logiciels d'apprentissage collaboratif	cognition située	discuter	construction par l'élève

Note : Figurent en italique les termes ajoutés ou modifiés par rapport au tableau proposé par l'auteur.

sans doute non seulement en nombre fini, mais déjà toutes connues et mises en œuvre. Nous reproduisons le tableau synthétique que donne l'auteur, en y ajoutant et en en modifiant quelques termes.

Quelle que soit l'entrée de ces différentes typologies, par les potentialités pédagogiques, par les courants pédagogiques, par le rôle assigné au logiciel ou par les fonctions pédagogiques, le spectre des utilisations possibles semble toujours très large. Il serait légitime d'attendre qu'une telle diversité se manifeste d'abord par des usages multiples puis par des transformations visibles, tant du point de vue des contenus disciplinaires que des approches pédagogiques. Mais, avant de décrire plus précisément ces transformations attendues, il est intéressant de noter qu'elles sont parfois bien antérieures à l'introduction des TIC et que leur observation peut se réaliser à plusieurs niveaux.

2.2.2. Quel niveau d'analyse pour rendre compte des modifications consécutives à l'introduction des TIC ?

L'introduction des TIC dans les situations d'enseignement-apprentissage se prête classiquement à deux niveaux d'analyse. Le premier de ces niveaux, que nous qualifions de macroscopique, correspond à ce qui est observable à l'œil nu. Nous verrons que les transformations dont on peut rendre compte à ce niveau ne résultent pas forcément de l'introduction des TIC. Si elles se manifestent à l'occasion de l'usage d'un système technique, elles trouvent leur origine dans des pratiques pédagogiques plus anciennes, et par conséquent non informatisées. En revanche, le second niveau d'analyse, sur lequel nous allons nous arrêter plus longuement dès le chapitre suivant, est microscopique, par opposition au premier, et suppose que l'on y accède au moyen d'un outillage intellectuel.

À un niveau macroscopique, le constat que nous faisons est que le recours aux TIC, et en particulier à l'Internet, remet en cause l'unité d'espace et de temps des situations d'enseignement-apprentissage. Toutefois, cet éclatement est affilié à des pratiques antérieures à l'avènement de l'informatisation de l'enseignement comme l'enseignement à distance (EAD), la pédagogie institutionnelle et l'autoformation. Par leur spécificité, ces pratiques particulières d'enseignement ont élaboré des procédés que l'on retrouve aujourd'hui réunis notamment lors de l'exploitation de l'Internet.

L'enseignement à distance par voie postale remonte en effet à 1840 pour le Royaume-Uni (Marot & Darnige, 1996) et à 1877 pour la France

(Lehnsich, 1984). L'acte d'enseignement y est déjà fractionné et l'on y distingue des enseignants-rédacteurs et des enseignants-correcteurs. Des regroupements régionaux sont organisés, dans le souci de rester le plus près possible des apprenants. Ce type de rencontres et la division de l'acte d'enseignement persistent dans les formes actuelles de formations à distance sur l'Internet. Il n'est pas rare que des séminaires virtuels rythment le déroulement des enseignements et qu'une troisième catégorie d'enseignant intervienne, l'enseignant-tuteur.

Un autre domaine est celui du travail collaboratif. Héritier des pédagogies fondées sur la dynamique des groupes et les interactions entre pairs, le travail collaboratif a largement précédé l'informatisation de l'enseignement. Longtemps considéré comme une pratique pédagogique militante, le travail collaboratif est aujourd'hui grandement facilité par les logiciels et les matériels connectés à l'Internet. Les possibilités de communication orale, écrite, synchrone, asynchrone et multipoints permettent de constituer des espaces de travail dans lesquels et au cours desquels s'élaborent des projets, espaces que les plates-formes d'EAD ont transposés par diverses métaphores spatiales.

Les dispositifs d'autoformation, quant à eux, consistent depuis fort longtemps aussi à proposer de multiples ressources susceptibles d'aider un apprenant à réaliser son projet d'apprentissage en l'accompagnant d'un tuteur. Si l'autoformation a très tôt profité de la flexibilité offerte par les TIC, c'est davantage pour offrir de nouvelles ressources qui complètent utilement les supports d'enseignement classiques que pour les exclure.

Prises isolément, ces trois familles de pratiques permettent déjà de prolonger, de délocaliser et de diversifier l'action éducative. Avec la généralisation des TIC, ce sont des éléments de ces pratiques, autrefois indépendantes, qui se sont immiscés petit à petit dans des situations d'enseignement-apprentissage courantes et qui concourent à leur éclatement dans le temps et dans l'espace. Au point que l'on voit émerger des dispositifs mobiles et des services d'enseignement à la demande qui exploitent au maximum ces possibilités de délocalisation et de désynchronisation. Mais si l'école investit plus massivement aujourd'hui des moments et des lieux qui ne lui étaient pas habituels, la médiatisation* de l'enseignement et de l'apprentissage ne manquent pas de provoquer d'autres phénomènes que cet éclatement. Leur observation nécessite de se placer à un niveau d'analyse microscopique qui, dans un premier temps, permet de dépasser le simple constat d'une affiliation à d'autres techniques d'enseignement et, dans un deuxième temps, de donner à voir des éléments nouveaux, invisibles en quelque sorte auparavant. Nous avons pu au cours de nos travaux rendre compte de certains d'entre eux et c'est ce dont il va s'agir à partir de maintenant.

NOTES

[1] Herman Hollerith, qui remporta l'appel d'offres du gouvernement américain pour dépouiller son recensement, avait mis au point une machine reposant sur le principe de cartes perforées laissant passer du courant. Le succès de cette machine permit à la Tabulating Machine Company de prospérer et de devenir plus tard l'*International Business Machine*, IBM.

[2] Nous laissons volontairement de côté les liens étroits qu'entretiennent l'économie et l'éducation, en particulier lorsque le marché éducatif et le volume qu'il représente est considéré comme catalyseur de l'activité industrielle (Nora & Minc, 1978; Papadoudi, 2000). À plusieurs reprises, en effet, les politiques d'équipement des établissements scolaires ont servi des intérêts économiques nationaux et stimulé certains secteurs d'activités. C'est encore cette même préoccupation qui domine, et ce explicitement, dans le plan *e*Europe, où la compétitivité mondiale et le rapport de force entre l'Europe et les États-Unis constituent les deux défis que les TIC sont susceptibles de contribuer à relever. Il reste que ces liens diffèrent sensiblement de la vision nord-américaine, selon laquelle le secteur de l'éducation est considéré par les industriels comme un bon marché d'appel pour le marché grand public et professionnel (Picard & Braun, 1987).

[3] De fabrication française, les machines distribuées sont des TI600 de la société Télémécanique et des Mitra 15 de la CII. Huit postes de travail étaient reliés à une unité centrale de 8 à 16 Ko. Des lecteurs de disques souples (8 pouces) complétèrent l'équipement après 1976.

[4] C'est à la première promotion de stagiaires de 1970-71 que l'on doit la fondation de l'association EPI (Enseignement Public et Informatique), qui a longtemps été un interlocuteur du Ministère de l'Éducation Nationale pour les questions d'orientation de l'informatique éducative, et qui a publié pendant trente ans un bulletin trimestriel rendant compte de multiples expériences et usages de l'informatique en classe (voir aussi http://www.epi.asso.fr).

[5] Les postes de travail sont essentiellement constitués de micro-ordinateurs Thomson TO7/70 et MO5, aux caractéristiques techniques contrastées pour l'époque : ils disposaient de 64 Ko à 128 Ko de RAM, de moniteurs en couleur, mais n'avaient pas de lecteur de disquettes (5,25 pouces). Il leur avait été préféré des lecteurs de cassettes contraignants à manipuler. Des TO8, TO9 et TO9+, construits autour du même microprocesseur (le 8 bits 6809 à 1 MHz) et comportant un lecteur de disquette, leur succéderont jusqu'à la fin des années quatre-vingts, offrant au système éducatif une compatibilité entre configuration et une portabilité dans le temps remarquables. Toutefois, le choix du système propriétaire Thomson ne correspondra pas à l'adoption du standard IBM-PC au cours de la même période dans le secteur de la micro-informatique professionnelle.

[6] Par illustratif, nous entendons tantôt monstratif, tantôt démonstratif, selon l'intention de l'enseignant, par analogie avec les caractéristiques des films pédagogiques proposées par Jacquinot (1977).

Chapitre 3
Les modifications du discours pédagogique et leurs conséquences sur le comportement d'auditeur, selon une approche technicisée

La première difficulté qui se présente lorsque l'on tente de mettre au jour des phénomènes consécutifs à l'introduction des TIC dans les situations d'enseignement-apprentissage est celle des limites que nous impose notre façon de décrire les situations étudiées. Si le premier réflexe consiste à isoler les procédés pédagogiques s'appuyant sur les TIC de ceux où elles sont absentes, cette distinction résulte naturellement des outils de pensée avec lesquels nous appréhendons le réel. Au cours de ces dernières années, nous avons conduit une série d'études, consistant à comparer différents discours pédagogiques selon qu'ils sont produits dans des conditions d'enseignement magistral ou dans des conditions faisant intervenir un système technique, afin notamment de mieux en comprendre les conséquences sur l'apprentissage.

Le débat sur la plus grande efficacité pédagogique d'un système technique par rapport à un autre s'organise dans les années 1985-95 autour de deux positions assez opposées : celle de Clark (1983 ; 1994), selon lequel c'est ce que provoque le dispositif en termes de motivation des apprenants et de soin apporté à la préparation des enseignements qui s'améliore ; celle de Kozma (1991 ; 1994), pour qui chaque dispositif (livre, télévision, ordinateur) offre un mode de traitement des symboles spécifique, l'ordinateur présentant le mode optimal. Il reste que cette optimalité supposée n'est obtenue que lorsque les modalités sensorielles sollicitées par le dispositif informatique (visuel *vs* auditif) sont en adéquation avec le type d'informations présentées (Poyet, 1998). D'après cet auteur, la mémorisation d'un texte long peut être meilleure lorsque sa présentation est visuelle plutôt qu'auditive, et le raisonnement peut être amélioré lorsque des éléments visuels sont doublés d'un message auditif.

Si la rupture spatio-temporelle de l'enseignement par des systèmes techniques est apparue bien avant qu'on ne la désigne ainsi (*cf.* Glikman & Baron (1991) pour une vue d'ensemble des procédés utilisés en France de 1939 à nos jours), les recherches sont relativement récentes au regard des moyens techniques qui l'ont favorisée. Dans le champ de l'enseignement à distance en particulier, qui est celui dans lequel les travaux sont les plus nombreux, on peut distinguer deux grandes familles d'approches selon que les dispositifs techniques occupent ou non la première place. Lorsque la technique reste en retrait, trois orientations semblent dominer (Valcke & Thorpe, 1995) :

– les études sur le public (motivations, répercussions, statut social);
– l'élaboration de matériel de cours (processus cognitif à l'œuvre dans l'apprentissage par instruction);
– l'évaluation des effets d'une formation (jugements d'étudiants, suggestions d'évolution).

Lorsque les supports techniques passent au premier plan, la majorité des travaux portent essentiellement sur la description de réalisations techniques innovantes, à côté de quelques recherches visant à analyser des situations, le plus souvent d'enseignement à distance. En fait, seuls quelques aspects semblent avoir été étudiés isolément, comme les paramètres de la conversation (Sellen, 1995), le degré d'interaction (Zhang & Fulford, 1994) et la performance des étudiants (Depover & Bilau, 1994) sans que des relations aient été clairement établies entre les modalités des échanges interpersonnels et celles d'appropriation des savoirs visés par la formation dispensée à distance.

Le problème de fond reste donc de rendre compte des processus par lesquels un environnement pédagogique exploitant des systèmes techniques favorise ou inhibe l'acquisition de connaissances habituellement présentées de façon classique. Bien que nous n'y soyons pas parvenus au cours de nos travaux successifs, nous montrons dans ce chapitre qu'il est déjà possible de rendre compte des transformations du discours pédagogique et des comportements d'auditeurs des apprenants au moyen d'une méthode, que nous avons mise au point et que nous estimons puissante et économique à la fois. Nous évoquons les principales étapes de l'élaboration de cette méthode d'analyse du discours ainsi que la façon dont le comportement d'auditeur des apprenants se modifie en situation d'enseignement par système technique interposé.

La première étude que nous relatons a porté sur des enseignements universitaires, dispensés normalement ou par un système de télé-présentation. La seconde étude s'est intéressée à des auxiliaires pédagogiques traditionnels ou informatiques. Ces observations ont naturellement été réalisées dans des contextes particuliers, mais les modèles auxquels nous nous référons leur confèrent une certaine portée. Nous commençons par décrire ces modèles avant de détailler les études qui leur sont attachées.

3.1. UNE MÉTHODE D'ANALYSE INDÉPENDANTE DU CONTENU ET CENTRÉE SUR LES ASPECTS MORPHOSYNTAXIQUES DU DISCOURS

Deux types d'analyses des données textuelles sont classiquement distinguées. Les premières sont purement descriptives et relèvent d'une démarche d'exploration sans formulation d'hypothèse, alors que les secondes sont prédictives et cherchent davantage à mettre en relation les conditions de production des textes avec leurs contenus. En ce qui concerne les analyses descriptives, le schéma classique consiste à s'intéresser, chez des adultes, aux caractéristiques de surface de la conversation, comme par exemple la longueur des tours de parole ou des pauses, les gestes et les attitudes apparentes. Ces critères d'analyse quantitatifs sont, dans la plupart des cas, croisés avec des indicateurs qualitatifs. Chronologiquement, les travaux ont d'abord porté sur les effets de la perte du canal visuel, puis sur sa réintroduction grâce aux systèmes de visioconférences.

Parmi les premiers à le faire dans un contexte pédagogique, Rutter (1984 ; 1987) s'intéresse à la perte des informations visuelles des situations de communication. Il compare une situation téléphonique à une situation normale sous l'hypothèse que le fait de ne pas voir son interlocuteur est un handicap. Il constate que cela nuit notamment à la spontanéité des interactants, en raison du moindre nombre d'interruptions et de chevauchement et de la plus faible durée des pauses. Par contre, le nombre, la répartition et la longueur des tours de paroles restent stables d'une situation à l'autre.

Plus récemment, O'Conaill *et al.* (1993) cherchent à identifier les modifications induites par trois modes de conversation entre deux personnes : la conversation face à face et deux dispositifs de qualités différentes. L'hypothèse est que les dispositifs qui produisent une qualité d'image et de son optimale, avec des temps de réponse négligeables, devraient produire des formes de conversation analogues à la conversation naturelle, alors qu'une dégradation des caractéristiques techniques (vidéo de mauvaise qualité, temps de transmission important) devraient affecter les paramètres élémentaires de la conversation. Les résultats montrent que le dispositif de bonne qualité est intermédiaire entre les deux autres, sans jamais cependant être équivalent à la conversation face-à-face. Ainsi, le nombre d'acquiescements, d'interruptions et de recouvrements de parole est plus élevé que dans la conversation naturelle alors que la taille des tours de parole y est moindre. Le résultat intéressant est cependant qu'un dispositif technique qui reproduit l'image et le son des participants en temps réel, procédé qui semble identique à une communication face-à-face, affecte tout de même les processus de communication élémentaires de la conversation naturelle.

C'est précisément ce à quoi Goodfellow (1996) s'attache lorsqu'il cherche à vérifier si la visioconférence offre véritablement les mêmes conditions de dialogue qu'une situation de face-à-face pour apprendre une langue vivante étrangère. Il complète ses observations par un questionnaire qui lui permet de recueillir les impressions des participants pour chacune des modalités d'enseignement. D'après lui, les interactions en situation de visioconférence sont plus nombreuses qu'en face-à-face pour plusieurs raisons : la situation de communication aurait provoqué une plus grande motivation, les discussions parallèles auraient été rendues plus difficiles et enfin l'incertitude que les gestes accompagnant la parole aient été bien interprétés aurait aussi eu une influence.

Bien que nous n'ayons pas adopté ce type d'analyse, nous pouvons retirer de ces études que l'interaction est vraisemblablement sous l'influence du média synchrone, lequel ne peut, même s'il prétend s'en approcher, reproduire à l'identique les conditions de la conversation en présence de l'autre.

3.1.1. La méthode de Bronckart et les discours architypiques

Du fait qu'il ne nous a pas toujours été possible de recueillir des discours portant sur le même contenu d'enseignement, une méthode d'analyse indépendante du contenu, et par conséquent moins descriptive, devient nécessaire comme celle définie par Bronckart et son équipe (Bronckart, 1994). L'intérêt de cette approche réside dans la mise en relation entre des unités morphosyntaxiques apparaissant dans des textes et leurs conditions de production. Dans un cadre théorique de type développemental, l'auteur identifie trois grandes familles d'opérations langagières à l'œuvre dans l'activité discursive : la contextualisation, la structuration et la textualisation. La contextualisation regroupe des opérations d'un premier niveau, préalable à la production langagière. Il s'agit essentiellement de processus de représentation et de choix de valeurs des paramètres de l'extralangage, entendu ici comme tout ce qui est extérieur à la langue. À un second niveau, la structuration comprend les opérations qui déterminent la trame du texte, son enveloppe linguistique. Les conditions d'interactions sociales orientent, par le jeu de ces opérations, les plans discursifs du locuteur. Enfin, à un troisième niveau, les opérations de textualisation concourent à la mise en texte et à l'organisation séquentielle des unités verbales, organisation qui subit l'influence des deux types d'opérations précédents. Ce sont donc ces trois niveaux d'opérations, croisées avec la situation de production, qui vont conduire le locuteur à choisir tel ou tel auxiliaire modal, telle ou telle désinence verbale, tel ou tel organisateur argumentatif. Les auteurs déterminent alors trois situations de production, correspondant à trois types de textes différents, qualifiés de textes architypiques polaires : discours en situation, narrations et discours théoriques.

Pour chacun d'eux, le modèle prédit aussi des configurations d'indices linguistiques de surface spécifiques, parmi une liste de 27 unités morphosyntaxiques. Bronckart et ses collaborateurs ont calculé pour 150 textes, répartis *a priori* dans l'une ou l'autre des trois catégories, le nombre d'occurrences de chacune de ces 27 unités. Une analyse discriminante a permis de montrer que celles-ci ont un pouvoir prédictif suffisant et d'en construire une représentation topographique. En d'autres termes, étant donné un texte, la méthode permet d'inférer sa condition de production : en situation, narrative ou théorique. De plus, le modèle cognitif qui la sous-tend permet d'expliquer la valeur élevée de telle ou telle unité selon que le discours est du discours en situation, de la narration ou du discours théorique.

Pour le discours en situation on observe notamment :
– l'apparition de l'énonciateur à travers *je* et *nous*;
– la référence à l'interlocuteur avec *tu* et *vous*;
– la domination des phrases non déclaratives (impératives, exclamatives, interrogatives);
– la présence de locutions en rapport au temps marquant l'articulation du discours par rapport au moment (*hier, aujourd'hui, demain, avant-hier, après-demain,* etc.);
– une forte densité verbale (1 verbe pour 6 à 7 mots).

La narration, quant à elle, se caractérise par :
– un système temporel au passé simple et à l'imparfait;
– le recours à des auxiliaires d'aspect (*commencer à, continuer à, finir de,* etc.).

De son côté, le discours théorique possède les caractéristiques suivantes :
– présence d'organisateurs argumentatifs qui structurent l'exposé (*d'une part, d'autre part,* etc.);
– l'effacement de l'énonciateur caractérisé par *on* ou *nous* collectif;
– une forte densité syntagmatique (rapport entre le nombre de qualifiants et le nombre de noms noyaux : plus les noms sont accompagnés de qualificatifs, plus le discours est dense au niveau phrastique).

Le modèle rend compte, en outre, de trois ensembles de discours intermédiaires : la narration historique située entre le discours théorique et la narration, les récits de vies

et les journaux de voyages situés entre la narration et le discours en situation et les éditoriaux, les textes politiques ainsi que les textes pédagogiques intermédiaires au discours théorique et au discours en situation, avec notamment :
- l'apparition de l'énonciateur ;
- la domination de phrases non déclaratives ;
- la présence d'organisateurs argumentatifs ;
- une abondance d'auxiliaires de mode (*vouloir*, *devoir*, *falloir*).

Comme nous l'avons vu plus haut, ces familles de discours peuvent être représentées sur un plan grâce à une formule de projection orthogonale basée sur les décomptes des indices de surface. Nous en donnons ici une version simplifiée dans laquelle ne figurent que les centroïdes des discours architypiques et des textes pédagogiques (*cf.* fig. 2).

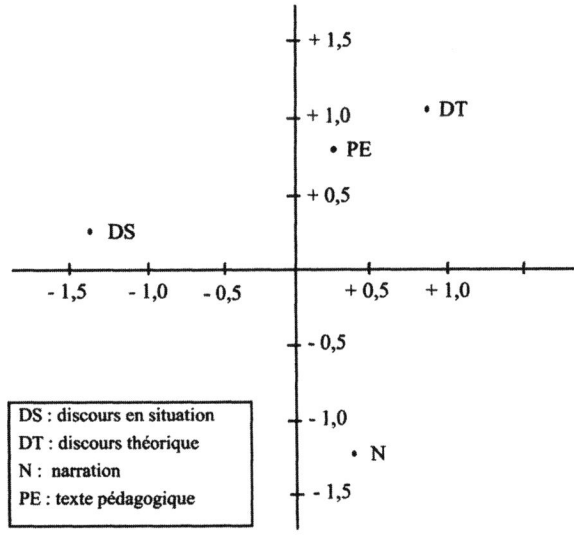

Figure 2 — Les centroïdes des discours architypiques.

Bronckart propose ainsi une méthode générale d'analyse des discours, qui s'applique à un type de discours qui nous intéresse plus particulièrement, le discours pédagogique. Il s'agit maintenant d'appliquer cette méthode d'analyse à des discours pédagogiques élaborés et produits dans des conditions différentes, faisant intervenir ou non un système technique.

3.1.2. Un enseignement en amphithéâtre comparé à une télé-présentation

Dans une première étude comparative (Lemaire *et al.*, 1996), nous nous étions intéressés aux transformations subies par un cours de comptabilité de DEUG de Sciences économiques selon qu'il est dispensé par le même enseignant dans des conditions classiques ou par télé-présentation. Les conditions classiques sont celles d'un amphithéâtre d'une centaine d'étudiants qui suivent des cours d'une durée de trois heures. La télé-présentation, quant à elle, consiste en la retransmission en direct sur un site distant de la voix de l'enseignant, appuyée par des transparents, à raison de deux heures par séance. L'enseignant se trouve dans un studio distant et un moniteur sur place est chargé de donner la parole aux étudiants qui voudraient intervenir sur le déroulement du cours (*cf.* fig. 3).

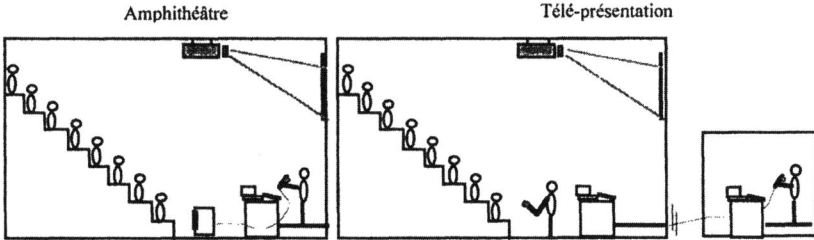

Figure 3 — Un cours en amphithéâtre et un cours en télé-présentation, reproduction de Lemaire *et al.* (1998, p. 373).

L'un des cours magistraux et l'une des télé-présentations ont été enregistrés dans leur intégralité sur bandes vidéo au vu et au su de l'enseignant et des étudiants, avec, dans les deux cas, un camescope pointé sur l'enseignant et un camescope balayant les étudiants. Sur les trois heures de cours magistral et les deux heures de télé-présentation recueillies, nous avons retranscrit une séquence de dix minutes du discours de l'enseignant (de la trentième à la quarantième minute dans les deux cas). Deux textes d'environ 1.000 mots ont été obtenus, dans lesquels la présence des 27 unités linguistiques identifiées par Bronckart a été décompté.

Le décompte a permis de calculer des coordonnées qui donnent la position de chaque discours sur le plan de positionnement des discours. Il ressort que les deux discours s'apparentent manifestement à du discours en situation et qu'ils ne correspondent pas au discours pédagogique défini par le modèle (*cf.* fig. 4).

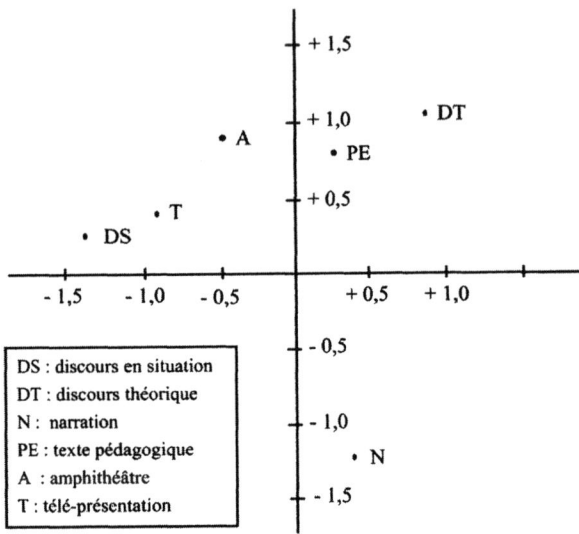

Figure 4 — Positions des discours pédagogiques prononcés en amphithéâtre en télé-présentation.

Si le modèle utilisé permet de repérer dans quelle grande catégorie se situe le discours en télé-présentation, il se révèle trop général pour rendre compte des spécificités de ce type de discours par rapport au discours d'une autre situation pédagogique. Nous avons donc tenté d'isoler de nouveaux indicateurs susceptibles de distinguer ces deux discours et, plus largement, de caractériser les discours fixés sur les différents supports pédagogiques existants. L'objectif est donc d'identifier un ensemble d'indicateurs morphosyntaxiques qui permettent de discriminer un discours pédagogique par télé-présentation d'un discours pédagogique en situation d'enseignement classique.

On peut raisonnablement penser qu'en situation de télé-présentation, l'importante activité préalable de l'enseignant, consistant notamment à réaliser des transparents, devrait se refléter par un discours plus cohérent, plus structuré. Cette hypothèse nous a conduit à rechercher des indicateurs révélateurs de l'activité de planification de l'enseignant.

Les indicateurs suivants ont été retenus :
1) le *nombre de connecteurs intra-textuels*, définis comme les conjonctions de subordination introduisant des relatives, les conjonctions de coordination suivies d'un verbe et les autres locutions qui servent à articuler le discours : *si, alors, parce que*, etc., qui sont tous des éléments du texte révélateurs de la structuration du discours ;

2) la *longueur moyenne des phrases*[1], en liaison avec l'effort de planification du discours ;

3) le *débit*, en mots par minutes, également symptomatique d'une maîtrise du déroulement du discours ;

4) le *taux de justesse syntaxique*, que l'on mesure en faisant le rapport du nombre de propositions syntaxiquement correctes par le nombre de propositions total, révèle là encore une activité préalable de planification ;

5) le *nombre de redondances*, définies comme la répétition locale d'un mot ou d'un groupe de mots n'apportant pas d'informations supplémentaires au discours, à la fois signe d'une faible planification, mais aussi indice d'une prise en compte du *feed-back* des étudiants dans le but de les raccrocher, devrait caractériser le discours prononcé en face-à-face ;

6) le *degré d'imbrication moyen des phrases*, calculé à partir du niveau maximal d'imbrication des propositions pour chaque phrase, témoigne là encore de la planification préalable du discours.

De plus, un certain nombre de critères définis par Bronckart peuvent être repris dans notre ébauche de méthode de discrimination. Les deux premiers indicateurs devraient se retrouver en plus grand nombre dans le discours naturel et les deux derniers devraient apparaître plus fréquemment dans le discours assisté par le système technique :

7) le *nombre d'auxiliaires de mode*[2], révélateur de l'action de l'énonciateur sur l'interlocuteur ;

8) le *nombre de phrases non déclaratives*[3], pour les mêmes raisons ;

9) le *nombre d'organisateurs argumentatifs lexico-syntaxiques*[4], structurant l'exposé en établissant des jalons textuels ;

10) le *nombre d'anaphores pronominales*[5], qui participent à la cohésion du texte.

Ces 10 éléments devraient permettre de discriminer le discours énoncé en amphithéâtre de celui de la télé-présentation, ce que ne réalise pas le modèle de Bronckart. Conformément à l'hypothèse émise, nous nous attendons à ce que les valeurs des indices 1, 2, 3, 4, 6, 9 et 10 soient moins élevées dans le discours naturel que dans le discours transmis par le système technique. Inversement, les valeurs des indices 5, 7 et 8 devraient être plus élevées dans le discours naturel que dans le discours prononcé à distance.

Bien que neuf des dix valeurs aillent dans le sens attendu, une série de tests statistiques a été appliquée afin de juger de la significativité des écarts. Une première comparaison a porté sur les indices 1, 5, 7, 8, 9 et 10 qui sont des effectifs bruts : leurs nombres sont significativement différents selon le type de discours (*cf.* tableau 2 : $\chi^2=19,35$; $p<.01$ à ddl=5). Inversement, les valeurs des indices 4[6] et 6 ne varient pas significativement (respectivement, $\chi^2_{cor}=0,01$; ns à ddl=1 et t=1,19 ; ns à ddl=88). Cependant, le décompte des connecteurs intra-textuels n'apparaît pas très pertinent, dans la mesure où, finalement, il ne reflète sans doute pas l'effort de planification et de structuration du discours que nous tentons de mesurer. Prises isolément, les valeurs des indices 2 et 3, qui sont des moyennes, sont, elles aussi, significativement différentes entre les deux situations (respectivement, t=2,31 ; $p<.05$ à ddl=90 et t=3,55 ; $p<.01$ à ddl=14).

Au total, les différences observées entre les unités linguistiques de surface dénombrées révèlent que le cours en télé-présentation repose sur un discours nettement plus structuré et élaboré que le même cours dit en

Tableau 2 — Nombres d'unités linguistiques retenues dans le nouveau modèle.

Unités linguistiques (différence attendue)	Amphithéâtre	Télé-présentation
1 – Connecteurs intra-textuels (<)	58	51
2 – Longueur moyenne des phrases (<)	18,1	25,6
3 – Débit (<)	98,2	131,4
4 – Taux de justesse syntaxique (<)	78,4	80,0
5 – Redondances (>)	18,5	12,1
6 – Degré d'imbrication moyen (<)	1,5	1,8
7 – Auxiliaires de mode (>)	13	5,8
8 – Phrases non déclaratives (>)	12	4,7
9 – Org. argumentatifs lexico-syntaxiques (<)	7	19
10 – Anaphores pronominales (<)	11	26

Note : La présence de nombres décimaux provient d'un réajustement au même nombre de mots (1.000).

amphithéâtre. Comme si l'enseignant faisait un effort plus important de préparation sous la contrainte du système technique, qui tolérerait moins l'improvisation, du moins dans la représentation qu'il s'en est donné. Il reste que si cette tentative tient ses promesses sur les deux textes analysés, à l'instar du modèle de Bronckart, elle doit être validée sur un grand nombre de discours avant de pouvoir prétendre à toute généralité. Ce faisant, il ne s'agit plus de rendre compte des opérations langagières qui ont présidé à l'élaboration d'un texte, mais du contexte de planification du discours. On glisse ainsi vers les conditions d'élaboration du support verbal de l'enseignement qu'il s'agit bien de distinguer selon qu'il est produit ou utilisé dans des contextes différents, avec ou sans système technique.

3.1.3. Un CD-ROM comparé à un manuel

À l'occasion de cette étude (Gonon *et al.*, 1997), nous avons donc repris les indicateurs morphosyntaxiques ainsi validés afin de les appliquer à la comparaison entre le discours fixé sur un CD-ROM éducatif et un manuel scolaire. L'intérêt de cette comparaison réside dans l'usage pédagogique très différent qui est habituellement fait de ces deux types de supports. Un manuel sert davantage collectivement en présence d'un enseignant, alors qu'un CD-ROM sert le plus souvent individuellement et sans la présence d'un enseignant, privilégiant ainsi une démarche d'autoformation. Conformément à la vocation de la méthode mise au point précédemment, des discours portant sur un même contenu devraient se distinguer en raison des différences de modalités d'exploitation pédagogique de ces deux supports.

Afin de mettre à l'épreuve la méthode d'analyse, un manuel scolaire de biologie de la classe de 3e et un CD-ROM ont été choisis. Nous avons retenu l'élément du programme traitant du SIDA (Syndrome Immuno-Déficitaire Acquis), en raison du sérieux avec lequel il est traité mais aussi et surtout des efforts de communication dont il fait l'objet, en particulier auprès des adolescents. Chaque éditeur de manuels scolaires propose un ouvrage de biologie pour la classe de 3e. Notre (non-)choix s'est porté sur le seul manuel qui consacrait quelques pages au thème du SIDA au moment de la conduite de ce travail, celui rédigé par Caro et Lesec (1989).

> Cette partie est divisée en deux chapitres : l'un consacré aux défenses de l'organisme et à l'immunologie, l'autre aux maladies, à la prévention et à la guérison. Le corpus étudié fait partie du chapitre sur les défenses de l'organisme. Comme les autres chapitres, ce dernier comporte une double page de sensibilisation au thème, des pages de travail sur documents, le cours qui présente les connaissances jugées indispensables, un résumé avec les mots-clés, des exercices d'évaluation et une rubrique «bio-média». Cette rubrique constitue le lien entre le programme de biologie et la vie en société. C'est dans cette rubrique que se situe le texte analysé. Le sujet n'est naturellement pas traité uniquement par le texte ; plusieurs schémas (recensement du nombre de cas, cycle de prolifération dans l'organisme, image de l'infection d'un lymphocyte par le Virus de l'Immuno-déficience Humaine — VIH — en image de synthèse) viennent en complément du texte, qui explique ce qu'est le virus du SIDA, les conduites prophylactiques et les recherches en matière de vaccination.

Le CD-ROM PC corps humain[7], quant à lui, présente à l'utilisateur les différents tissus, organes, ainsi que quelques fonctions complexes, et des informations en matière d'hygiène et de prévention des maladies. C'est dans cette dernière partie qu'est abordée la question du SIDA et que se situe le texte analysé.

> Le CD-ROM offre un choix de boutons permettant d'afficher à volonté le squelette, les systèmes digestif, musculaire, lymphatique, endocrinien, nerveux, cardio-vasculaire, urinaire et les appareils génitaux masculin et féminin, le tout agrémenté de représentations schématiques annotées. Il contient aussi des animations qui illustrent le fonctionnement de l'appareil respiratoire, les battements du cœur et les mouvements musculaires. Les informations sur la santé et le SIDA, quant à elles, ne sont traitées qu'avec du texte, dont on peut penser qu'il se suffit à lui-même.

Nous obtenons ainsi deux textes d'environ mille mots, taille nécessaire et suffisante pour se livrer au décompte des neuf unités établies au cours de l'étude précédente qui s'adapte à des textes écrits. Ici, le taux de justesse syntaxique, qui n'a plus de sens, a été supprimé. En outre, nous avons substitué au débit le nombre moyen de phrases par paragraphe,

révélateur des intentions de clarté de présentation du discours. Aussi, avons-nous recensé :
1) Le nombre de connecteurs intra-textuels.
2) La longueur moyenne des phrases.
3) Le nombre de phrases par paragraphe.
4) Le nombre de redondances.
5) Le degré d'imbrication moyen des phrases.
6) Le nombre d'auxiliaires de mode.
7) Le nombre de phrases non déclaratives.
8) Le nombre d'organisateurs argumentatifs lexico-syntaxiques.
9) Le nombre d'anaphores pronominales.

> Nous nous attendons à ce que les valeurs des unités 1, 4, 6, 7, 8 et 9 soient supérieures dans le discours du CD-ROM, et que les valeurs des unités 2, 3 et 5 soient inférieures dans le même discours. Cet écart devrait manifester un niveau d'élaboration du texte du logiciel, tel qu'il nécessite le moins d'interventions possibles de l'enseignant, compte tenu des visées d'autonomie de l'apprentissage lorsque ce type de support est utilisé.
>
> Comme pour l'étude précédente, nous avons eu recours au test du χ^2 pour comparer des effectifs bruts et au test de Student pour comparer des moyennes. Appliqué sur les indices 1, 4, 6, 7, 8, 9, le test du χ^2 révèle que les deux textes ne diffèrent pas significativement (*cf.* tableau 3 : χ^2=5,96 ; ns à ddl=5). Le test de Student a été appliqué, quant à lui, aux indices 2, 3 et 5. Il ressort que la longueur moyenne des phrases et le niveau moyen d'imbrication des phrases sont significativement différents à l'avantage du CD-ROM (t=4,92 ; p<.01 à ddl=115 et t=4,88 ; p<.01 à ddl=115). Par contre, le nombre de phrases par paragraphe est sensiblement identique entre les deux textes (t=2,41 ; ns à ddl=50).

Tableau 3 — Décomptes des unités retenues pour le CD-ROM et le manuel.

Unités linguistiques (différence attendue)	Manuel	CD-ROM
1 – Connecteurs intra-textuels (<)	9	19
2 – Longueur moyenne des phrases (>)	15,4	27,4
3 – Phrases par paragraphe (>)	1,9	3,1
4 – Redondances (<)	5	4
5 – Degré d'imbrication moyen (>)	1,2	2,3
6 – Auxiliaires de mode (<)	5	4
7 – Phrases non déclaratives (<)	13,6	34,4
8 – Org. argumentatifs lexico-syntaxiques (<)	6	8
9 – Anaphores pronominales (<)	33	41

Note : La présence de nombres décimaux provient d'un réajustement au même nombre de mots (1.000).

L'absence de différence entre les deux discours sur la série d'indices constituée par les nombres de connecteurs intra-textuels, de redondances, d'auxiliaires de mode, de phrases non déclaratives, d'organisateurs argumentatifs, d'anaphores pronominales et de phrases par paragraphe invalide en partie notre hypothèse. Il apparaît, ici, que sur un même élément de programme scolaire, un support CD-ROM ne délivre pas un discours pédagogique plus élaboré en termes d'autonomie d'apprentissage que celui d'un manuel. Au contraire, deux différences significatives entre le CD-ROM et le manuel nous interrogent : la longueur des phrases et leur niveau d'imbrication ; ces deux indicateurs attentent à la clarté du texte et à son usage sans enseignant, comme il pourrait en être fait dans un contexte de soutien scolaire en atelier ou lors d'un usage domestique. Comme si la modernité et l'image techniciste du support multimédia imposaient aux auteurs de se situer «un ton au-dessus», ce qui va à l'encontre de la vocation pédagogique du produit. À moins que cette vocation pédagogique posée comme cadre d'interprétation des différences d'occurrences des unités morphosyntaxiques retenues ne se traduisent pas dans les intentions linguistiques des auteurs du CD-ROM et du manuel. En définitive, le fait que nous ne nous soyons appuyé que sur deux textes et le manque de netteté des résultats de cette comparaison nous a incité à cerner les limites de cette méthode d'analyse.

3.1.4. Intérêts et limites de la méthode

L'analyse formelle des discours prélevés dans des situations pédagogiques variées suggère que les indices standards d'analyse du discours ne permettent pas de différencier des productions langagières énoncées dans des conditions ou produites à des fins pédagogiques distinctes. La réponse que nous proposons se situe dans le prolongement du modèle et dans le décompte de nouveaux critères s'inspirant des premiers. On peut ainsi, avec une dizaine de critères, rendre compte de différences entre des discours pédagogiques, produits dans des situations classiques ou consécutifs à l'introduction d'un système technique. Toutefois, la question de la pertinence de la méthode dans son projet de distinguer des discours pédagogiques reste posée, en raison du nombre réduit de discours analysés et de la nature des différences observées, selon que nous comparons des discours prononcés en amphithéâtre ou en télé-présentation, ou des discours fixés dans un manuel ou sur un CD-ROM.

Si nous regroupons les résultats des décomptes des quatre types de discours qui ont été analysés en distinguant la présence ou l'absence d'un système technique, nous obtenons le tableau 4. Le test du χ^2 sur les indices 1, 3, 5, 6, 7 et 8 suggère que les deux types de discours se distinguent significativement l'un de l'autre ($\chi^2=13,03$; p<.01 à ddl=15). Si l'effet de l'introduction d'un système technique est clairement mis en lumière, les contrastes locaux rendent les différences encore plus nettes : les discours classiques sont significativement différents l'un de l'autre ($\chi^2_{amph.\ vs\ manuel}$=49,42 ; p<.01 à ddl=5), chacun étant aussi significativement différent de chaque discours technicisé et réciproquement ($\chi^2_{amph.\ vs\ CD-ROM}$=61,78 ; p<.01 à ddl=5 ; $\chi^2_{amph.\ vs\ télé-prés.}$=19,35 ; p<.01 à ddl=5 ; $\chi^2_{télé-prés.\ vs\ manuel}$=34,84 ; p<.01 à ddl=5 ; $\chi^2_{télé-prés.\ vs\ CD-ROM}$= 49,20 ; p<.01 à ddl=5), à l'exception de ce que nous avons déjà observé précédemment ($\chi^2_{manuel\ vs\ CD-ROM}$=5,96 ; ns à ddl=5).

Tableau 4 — Décomptes des quatre discours analysés.

Unités linguistiques	Discours classiques		Discours technicisés	
	Manuel	Amphi	CD-ROM	Télé-présentation
1 – Connecteurs intra-textuels	9	58	19	51
2 – Long. moyenne des phrases	15,4	18,1	27,4	25,6
3 – Redondances	5	18,5	4	12,1
4 – Degré d'imbrication moyen	1,2	1,5	2,3	1,8
5 – Auxiliaires de mode	5	13	4	5,8
6 – Phrases non déclaratives	13,6	12	34,4	4,7
7 – Org. argument. lexico-syntaxiques	6	7	8	19
8 – Anaphores pronominales	33	11	41	26

Note : La présence de nombres décimaux provient d'un réajustement au même nombre de mots (1.000).

Une analyse de la variance sur la longueur moyenne des phrases indique aussi que les deux types de discours sont significativement différents l'un de l'autre ($F_{(1,\ 207)}$=25,27 ; p<.01). L'examen détaillé des contrastes au test de Scheffé révèle que les discours ne diffèrent pas significativement dans un même type de discours et diffèrent significativement entre les deux types. Enfin, l'analyse de la variance sur le niveau moyen d'imbrication confirme que les valeurs de chacun des deux types de discours sont significativement différentes ($F_{(1,\ 205)}$=18,91 ; p<.01). Outre les contrastes intra-type, deux contrastes se révèlent non significatifs au test de Scheffé : amphithéâtre *vs* télé-présentation (*cf.* résultats *supra* sous 3.1.2.) et manuel *vs* télé-présentation.

Il paraît raisonnable d'estimer que la méthode discrimine correctement les quatre discours pédagogiques analysés à l'aide des huit indicateurs de surface qu'ils partagent. En d'autres termes, il est possible de mettre au jour des différences entre des textes pédagogiques produits dans des conditions pédagogiques distinctes à l'aide de ces quelques unités. Encore une fois, il ne s'agit pas de remonter à d'éventuelles opérations langagières, mais d'établir une forme de correspondance entre les conditions pédagogiques d'exploitation du discours et ses caractéristiques de surface, ce que nous estimons avoir réussi à faire pour le moment. Il reste que, pour être complet, ces différences nécessitent maintenant d'être mises en perspective avec la manière dont des sujets réagissent à ces discours afin, peut-être, d'établir des ponts entre la nature des textes et leur traitement à des fins d'apprentissage. C'est que nous avons tenté de faire dans certains de nos travaux dont nous présentons maintenant quelques éléments.

3.2. UNE MÉTHODE D'OBSERVATION DU COMPORTEMENT D'AUDITEUR DES APPRENANTS

Au cours de la première étude comparative entre la situation d'enseignement en amphithéâtre et en télé-présentation, nous avons opté pour une méthode d'observation du comportement d'auditeur des apprenants basée sur le décompte des durées consacrées à quatre tâches observables : la prise de notes, l'écoute, l'observation des supports d'information (textes et schémas inscrits au tableau, transparents), le décrochage momentané. Ces quatre comportements ont la propriété d'être distincts les uns des autres, et lorsqu'ils sont réunis, ils constituent l'ensemble de l'activité de suivi d'un cours. Ils sont en outre très caractéristiques et donc inférables sans ambiguïté à partir d'enregistrements vidéo. Par précaution, nous avons toutefois fait visionner les enregistrements par deux juges et nous avons considéré que le sujet observé était engagé dans telle ou telle tâche, uniquement lorsque les deux observateurs étaient en accord.

3.2.1. La comparaison d'apprenants en amphithéâtre et en télé-présentation

Le temps occupé par chacune de ces tâches a été relevé et calculé avec une petite application réalisée par un collègue[8]. Seize sujets (huit pour chaque modalité) ont été choisis sur des critères de qualité d'image au cours des séquences correspondant aux discours précédemment analysés.

Compte tenu de la faiblesse numérique des effectifs, les durées obtenues ont été comparées au moyen du test non paramétrique de Mann-Whitney. La durée consacrée aux quatre tâches qui ont été observées chez les apprenants diffère significativement selon la situation d'enseignement (*cf.* tableau 5). Seule l'écoute occupe plus de temps en télé-présentation qu'en amphithéâtre (U=0 ; p<.01), tandis que la prise de notes, l'observation des supports et les décrochages sont plus longs en amphithéâtre que pendant la télé-présentation (respectivement, U=19 ; p<.10 ; U=12 ; p<.05 et U=9 ; p<.01).

Tableau 5 — Durées moyennes en seconde des tâches observables en situations d'enseignement classique et de télé-présentation.

	Tâches observables					
Situations	Prise de notes	Écoute	Observation	Décrochage	Prise d'informations	Restitution d'informations
Classique	267,6	74,1	198,5	91,6	272,6	267,6
Télé-prés.	203,2	312,9	92,0	26,9	404,9	203,2
Mann-Whitney	U=19 U'=45 P<.10	U=0 U'=64 p<.01	U=12 U'=52 p<.05	U=9 U'=55 p<.01	U=12 U'=52 p<.05	U=19 U'=45 P<.10

Certains regroupements de ces tâches nous renseignent, de manière très générale encore, sur les activités mentales susceptibles d'être imposées aux apprenants par chaque situation. Une première distinction entre prise d'informations et restitution d'informations est possible en considérant les tâches d'écoute et d'observation comme relevant d'une activité de prise d'informations et la tâche de prise de notes comme procédant d'une activité de restitution d'informations (*cf.* tableau 5). Ainsi, la durée de prise d'informations apparaît plus importante pour la télé-présentation que pour le cours magistral (U=12; p<.05). La durée de restitution d'informations, quant à elle, est moins longue en télé-présentation qu'en amphithéâtre (U=19; p<.05).

Ces résultats semblent indiquer que la charge cognitive des sujets en situation d'apprentissage faisant intervenir un système technique est plus forte que chez leurs homologues en situation traditionnelle : ils sont plus attentifs dans la mesure où ils passent plus de temps à écouter et perdent moins de temps à décrocher, tout en notant moins longtemps. Cela est attesté par leur attitude très concentrée, susceptible d'être expliquée par plusieurs éléments caractéristiques de la télé-présentation. D'une part, ces apprenants sont moins familiers avec cette situation d'enseignement, ce qui nécessite vraisemblablement de leur part d'exercer une certaine vigilance, faute de connaître à l'avance tout l'implicite de cette situation. D'autre part, les informations qui leur parviennent en provenance de l'enseignant sont essentiellement de nature digitale[9] : il s'agit de textes écrits et de la voix de l'enseignant. Les signes de type analogique que perçoivent les étudiants lors du cours magistral, tels que la position de l'enseignant sur son estrade, ses gestes, le fait qu'il écrive ou non ce qu'il dit au tableau, etc., les renseignent sur ce qui est important à retenir. Par exemple, lorsque l'enseignant quitte son estrade et discourt les mains dans les poches, les étudiants en amphithéâtre attachent immédiatement une importance moindre au contenu et décrochent plus facilement. À l'inverse, les étudiants isolés dans leur salle loin de l'enseignant ne perçoivent pas ces signes et font l'hypothèse que tout est important.

Notons cependant ici un biais expérimental : les salles de cours n'étaient pas de la même taille et l'on peut également attribuer la plus grande attention des étudiants en situation d'apprentissage à distance par le fait que le moniteur était physiquement proche d'eux, contrairement au cours magistral où la position de l'enseignant, éloigné sur son estrade, rend l'inattention plus aisée. Le comportement des étudiants à distance est cependant renforcé par le discours même de l'enseignant qui n'incite pas au relâchement en raison de sa structuration plus poussée, comme nous l'avons souligné plus haut.

3.2.2. La comparaison d'apprenants en amphithéâtre et en projection vidéo-différée

À l'occasion de cette étude (Marquet & Herzog, 1999), nous affinons nos observations du comportement d'auditeur des apprenants en contrôlant beaucoup mieux le discours de l'enseignant, puisqu'il s'agit du même discours prononcé dans les deux conditions suivantes (*cf.* fig. 5)[10] :

– un cours de docimologie dispensé dans le cadre de la licence de Sciences de l'éducation et ce dans des conditions habituelles, c'est-à-dire en amphithéâtre ;

– l'enregistrement vidéo du cours, projeté plus tard sur grand écran en amphithéâtre en présence de l'enseignant en cas d'éventuelles questions.

Précisons toutefois que le cours s'est déroulé dans son ensemble selon ces deux modalités et que le recours à la vidéo n'a pas été provoqué pour les besoins de l'observation. C'est au contraire l'existence d'un cours vidéo-différé qui a suscité cette observation.

L'analyse du comportement a porté sur les durées des quatre mêmes tâches. Compte tenu de ce que nous avons vu plus haut, nous nous

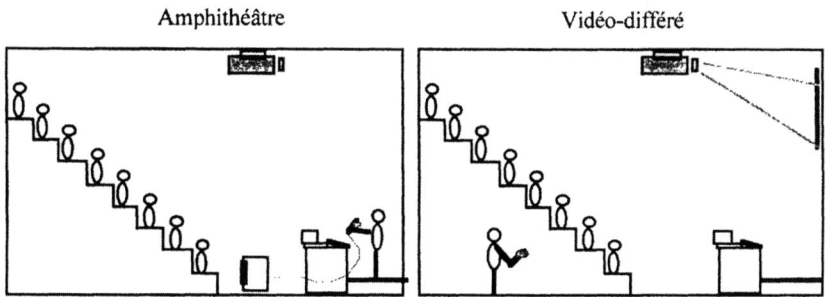

Figure 5 — Un cours en amphithéâtre et un cours en vidéo-différé.

attendons à ce que les tâches d'écoute et d'observation occupent plus de temps dans la situation vidéo-différée et qu'inversement, la tâche de décrochage occupe plus de temps dans la situation classique. Seize sujets, à raison de huit pour chaque situation, ont été observés de la 15e à la 25e minute d'un cours de deux heures, à partir de l'enregistrement vidéo de l'auditoire.

Nous avons en outre recueilli par interview les impressions des étudiants de la deuxième situation en fin de séance. L'analyse des interviews indique que deux types d'éléments concourent à rendre le cours vidéo-différé difficile à suivre. Un premier ensemble de remarques laisse entendre que la diffusion d'un cours magistral sur écran place les étudiants sur un registre comportemental plus près de celui du téléspectateur que de l'apprenant. De ce fait, la position externe que confère la situation a tendance à faciliter le décrochage de l'étudiant, et c'est précisément l'effort pour ne pas décrocher qui paraît coûteux. Cette impression est confirmée par l'observation du comportement, comme nous le verrons plus bas. Par ailleurs, l'absence de régulation du débit de parole en fonction de la réceptivité des étudiants contribue encore à augmenter la difficulté à suivre. Un deuxième ensemble de remarques suggère que ce que les étudiants voient n'est pas toujours ce dont ils ont besoin. En effet, dans une situation classique, l'étudiant choisit d'écouter l'enseignant, de regarder le tableau, de prendre des notes ou de faire deux choses en même temps, ou même de ne rien faire. Sur l'enregistrement, ce choix est déjà fait pour lui et les éléments qui sont projetés ne correspondent pas toujours à ce dont tel ou tel sujet a besoin. Par exemple, certains regrettent de ne pas pouvoir revenir sur le tableau. La diffusion collective empêche notamment les retours en arrière et les arrêts sur image, que chacun ferait individuellement.

> Les éléments du comportement d'auditeur relevés ont de nouveau été comparés à l'aide du test statistique de Mann-Whitney, en raison de la taille de l'échantillon. Les résultats obtenus à partir des décomptes des durées consacrées aux différentes tâches vont à l'encontre de l'hypothèse émise, au point que l'écoute apparaît même significativement plus importante dans le cours en amphithéâtre (*cf.* tableau 6 : $U=16$; $p<.10$). Conformément aux déclarations des apprenants, le décrochage est lui aussi significativement plus long en amphithéâtre ($U=18$; $p<.10$). La prise de notes et l'observation des supports ne diffèrent pas significativement selon les conditions de cours ($U=25$; ns et $U=28$; ns).
>
> La réfutation de notre hypothèse nous a conduit à effectuer une analyse plus fine encore. Un indicateur plus précis a donc été défini : le nombre d'occurrences de chaque élément de comportement d'auditeur. Plutôt que de nous intéresser à la durée d'une tâche observable, nous avons relevé combien de fois les mêmes étudiants se consacrent à chacune des tâches. Il ressort alors qu'en situation d'enseignement vidéo-différé, les étudiants se consacrent significativement plus souvent à une activité de prise de notes, d'écoute et d'observation (*cf.* tableau 7 : respectivement $U=6$; $p<.01$; $U=19$; $p<.10$ et

Tableau 6 — Durées moyennes en secondes des tâches observables en situations d'enseignement classique et vidéo-différée.

Situations	Tâches observables					
	Prise de notes	Écoute	Observation	Décrochage	Prise d'informations	Restitution d'informations
Classique	360,2	98,5	108,4	32,9	206,9	360,2
Vidéo-diff.	396,2	57,6	129,1	18,1	186,7	396,2
Mann-Whitney	U=25 U'=39 ns	U=16 U'=48 p<.10	U=28 U'=36 ns	U=18 U'=46 p<.10	U=26 U'=38 ns	U=25 U'=39 ns

U=14,5; p<05). Toutes ces différences se répercutent sur les activités de prise d'informations et de restitution d'informations qui apparaissent significativement plus fréquentes en situation d'enseignement vidéo-différé (U=9; p<.01 et U=6; p<.01).

Tableau 7 — Occurrences moyennes des tâches observables par type d'enseignement.

Situations	Tâches observables					
	Prise de notes	Écoute	Observation	Décrochage	Prise d'informations	Restitution d'informations
Classique	15,1	8,6	10,5	3,9	19,1	15,1
Vidéo-diff.	19,6	10,5	16,5	4	27	19,6
Mann-Whitney	U=6 U'=58 P<.01	U=19 U'=45 p<.10	U=14,5 U'=49,5 p<.05	U=29,5 U'=34,5 ns	U=9 U'=55 P<.01	U=6 U'=58 P<.01

Il se confirme que la vidéo, elle aussi, impose aux apprenants d'être plus attentifs. Cet effort d'attention n'est pas visible sur les durées des différents éléments du comportement d'auditeur, mais sur les occurrences de ces éléments. En même temps, les éléments observés étant limités au nombre de quatre, le fait que les sujets en situation d'enseignement vidéo-différé s'y consacrent plus qu'en situation d'enseignement classique signifie qu'ils changent plus souvent de tâche. En d'autres termes, il est vraisemblable qu'ils alternent plus fréquemment entre l'écoute, la prise de notes, l'observation et le décrochage, témoignant ainsi d'une mobilité cognitive plus importante nécessitée par la vidéo. Par ailleurs, l'écoute est à la fois significativement moins longue et significativement plus fréquente en situation vidéo-différée. Nous sommes tenté d'avancer que c'est l'écoute qui pâtit le plus de la mobilité entre les différentes tâches d'auditeurs que nous observons. Cependant, nous ne savons pas si ces phénomènes résultent de la forme inédite de communication et s'ils sont par conséquent durables ou au contraire éphémères, témoignant seulement de l'adaptation progressive des étudiants à ce genre de situation.

3.3. DISCOURS PÉDAGOGIQUE ET COMPORTEMENT D'AUDITEUR : QUELLES RELATIONS ?

Cet ensemble de travaux suggère tout d'abord que les conditions d'énonciation ou d'exploitation d'un contenu discursif influencent la production de ce contenu. En effet, lorsque le même enseignant réalise un même cours soit en amphithéâtre, soit en télé-présentation, il produit des discours qui se révèlent significativement différents sur un nombre réduit d'indices de surface. Ces indices de surface, inspirés et dérivés de la méthode de Bronckart, permettent aussi de discriminer des textes pédagogiques traitant du même contenu, mais fixés sur des supports pédagogiques différents, comme le manuel et le CD-ROM. Dans les deux cas, l'introduction d'un système technique se répercute sur l'effort préalable d'élaboration du discours, lequel n'est pas forcément optimal.

Nous avons aussi observé que les conditions d'énonciation du discours agissaient sur le comportement d'auditeur des apprenants. Dans la première étude, les apprenants en situation de télé-présentation ont une activité de prise d'informations significativement plus soutenue qu'en amphithéâtre. À contenu et enseignant identiques, il semble que l'introduction du dispositif technique impose une attention plus soutenue de la part des apprenants. Toutefois, le discours étant déjà sous l'influence de conditions pédagogiques différentes, il n'est pas certain que ces conditions agissent directement sur le comportement des apprenants. Dans la troisième étude, le discours prononcé est beaucoup mieux contrôlé, puisqu'il s'agit du même discours, mais énoncé et exploité dans des circonstances différentes : amphithéâtre et projection vidéo-différée. Nous avons vu que la projection du vidéogramme impose une mobilité cognitive plus importante qu'une situation d'enseignement traditionnelle : les apprenants passent significativement plus souvent de l'activité de prise d'informations à celle de restitution d'informations et chacune de ces activités n'est conduite que pendant de courts moments. Dans les deux cas, la présence d'un système technique soumet l'apprenant à une augmentation de sa charge cognitive.

Afin d'unifier l'ensemble de ces effets, nous proposons de recourir à la notion de *technicisation de la médiation* de l'enseignement. S'ap-

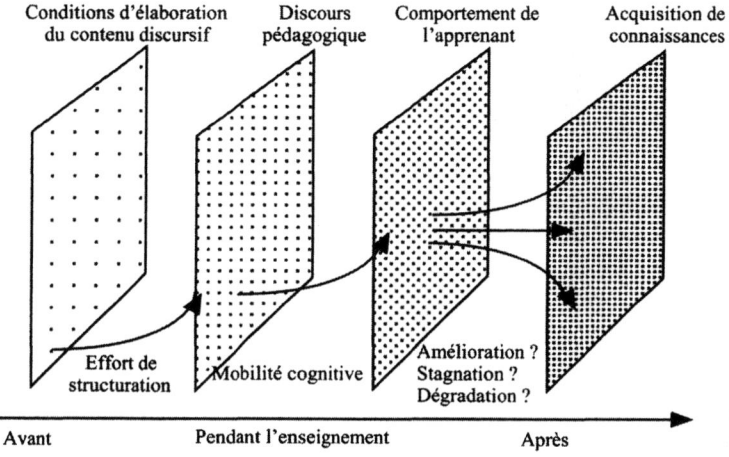

Figure 6 — Technicisation de la médiation de l'enseignement.

puyant sur celle de médiation de l'enseignement, la technicisation désigne le fait d'introduire un système technique à des fins de médiation d'un contenu d'enseignement. Comme le suggère le schéma ci-dessus (*cf.* fig. 6), la technicisation de la médiation de l'enseignement permet d'abord de mettre en relation les conditions d'élaboration du contenu discursif, le discours pédagogique lui-même et le comportement de l'apprenant, comme autant de phases qui se succèdent au cours de la conduite d'un enseignement, avec ou sans système technique. Bien que les travaux évoqués jusqu'à maintenant ne nous y aient pas pleinement conduit, cette notion offre ensuite de prolonger cette relation jusqu'aux connaissances acquises par l'apprenant. La représentation de ces différentes phases par des plans indique que la technicisation de la médiation de l'enseignement exerce son influence de façon particulière entre chaque phase. Dans un premier temps, elle produit un accroissement de l'effort de structuration du discours pédagogique qui, dans un second temps, élève la mobilité cognitive de l'apprenant. L'opacité croissante des plans insinue que l'activité de l'enseignant puis celle de l'apprenant est de plus en plus importante.

Plus que la notion elle-même, c'est ce dont elle nous permet de rendre compte qui nous paraît intéressant, dans la mesure où nous pouvons à la fois mettre un mot univoque sur l'ensemble des phénomènes que nous avons observés et ceux que nous n'avons pas encore personnellement explorés. En effet, comme nous l'avons indiqué au début de ce chapitre, la question de l'acquisition des connaissances est toujours sans réponse :

assiste-t-on à une amélioration, une stagnation ou une dégradation, et sous quelles conditions ? Nos observations, comme celles dont nous avons connaissance, soulèvent en prolongement des interrogations sur les traitements cognitifs spécifiques ou communs entre les situations d'enseignement-apprentissage traditionnelles et les situations faisant intervenir un système technique. Il n'y a certainement pas de processus d'apprentissage inédits et spécifiques aux situations d'enseignement technicisées, mais vraisemblablement des activités cognitives qui compensent les modifications que nous venons d'évoquer, de sorte que l'apprenant puisse remobiliser les stratégies qu'il a l'habitude de mettre en œuvre lorsqu'il est en situation d'appropriation de nouvelles connaissances. Bien que nous ne couvrions ici que les situations d'enseignement-apprentissage non interactives ou faiblement interactives, c'est-à-dire les situations dans lesquelles le discours pédagogique est délivré conformément à ce qui a été pré-établi, cette notion de technicisation de la médiation de l'enseignement, ainsi que ses conséquences en chaîne, nous paraissent susceptibles de rendre compte des transformations observables à un niveau microscopique. Elle offre aussi de «déplier» en plusieurs plans le paradigme comparatiste que nous évoquions dans l'introduction, en soulignant l'importance du discours pédagogique et du comportement d'auditeur, qui s'intercalent entre les conditions d'élaboration du contenu discursif, technicisé ou non, et l'acquisition de connaissances, trop souvent considérés comme les seuls éléments soumis à une certaine variabilité.

L'une des conséquences pratiques de cette série d'études est que l'introduction des TIC modifie la production du discours de l'enseignant et le comportement d'auditeur de l'apprenant. Ces modifications semblent aller dans le sens d'une complexification, dans la mesure où l'on observe un accroissement de l'effort de structuration du discours pédagogique, qui élève la mobilité cognitive de l'apprenant.

NOTES

[1] Nous avons défini le critère de fin de phrase suivant : un point est placé chaque fois que deux propositions paraissant indépendantes peuvent être coupées sans nuire à la syntaxe.

[2] Trois verbes constituent cette catégorie d'auxiliaires : *vouloir, devoir, falloir*.

[3] Phrases aux formes interrogatives (directes), impératives et exclamatives.

[4] Ce sont des unités précisant le statut logico-argumentatif d'un énoncé ou d'une proposition : adverbes, locutions adverbiales, conjonctions, locutions conjonctives.

[5] Il s'agit de pronoms (ou substituts) renvoyant à une unité antérieure ou postérieure dans le texte. Cette unité doit être identifiable dans le texte.

[6] Le test porte sur la répartition entre phrases syntaxiquement correctes et syntaxiquement incorrectes.

[7] PC corps humain est un produit des éditions Nathan.

[8] Cette application est écrite sous Hypercard™ sur Macintosh™ par Benoît Lemaire. Elle permet de relever le nombre d'occurrences et les durées cumulées d'événements, pendant le déroulement de la séquence à observer, en appuyant sur une touche à chaque début d'événement.

[9] Nous faisons ici référence à la distinction que l'on trouve chez Watzlawick *et al.* (1972) entre la communication digitale, basée sur des représentations codées comme la langue, et la communication analogique, qui comprend tout le reste (gestes, mimiques, inflexions de la voix, etc.).

[10] Cette figure reprend des éléments graphiques de la fig. 3 *supra*, reproduite d'après Lemaire *et al.* (1998).

Chapitre 4
Les apports des réseaux à la pédagogie selon une approche médiatisée

Si la généralisation des TIC a eu un premier effet, c'est bien de faire considérer les situations d'enseignement-apprentissage par leurs observateurs comme technicisées, avec des conséquences en chaîne sur la médiation des contenus. La généralisation de la connexion à l'Internet a ensuite favorisé l'usage des réseaux en pédagogie et banalisé les systèmes techniques. L'incertitude sur les acquisitions des apprenants a alors placé au premier plan la question de la médiatisation, en tant que recours à un média pour compenser la désynchronisation de la communication d'un contenu (Peraya, 2000). Ce glissement a aussi permis de croiser les points de vue de plusieurs disciplines académiques.

La Didactique des langues et la Psychologie sociale offrent notamment d'étudier les usages des TIC à l'aide de notions qui leur sont propres et qui, par là même, éclairent certains phénomènes d'une manière particulière. Les situations étudiées sont certes d'abord considérées en tant que situations de communication, soit à des fins d'acquisition d'une langue vivante, soit à des fins d'échanges interpersonnels, mais elles n'en demeurent pas moins aussi des situations d'enseignement-apprentissage, par le contexte même dans lequel elles interviennent, en stage ou à l'école.

Dans le domaine de l'apprentissage des langues vivantes, tout d'abord, deux personnes distantes peuvent être placées dans des conditions proches de la conversation en présence l'une de l'autre, grâce à un système de visioconférence *via* l'Internet. Tout comme le téléphone, ce type de dispositif de formation à distance (FAD), qualifié de troisième génération (Bates, 1995; Marot & Darnige, 1996) permet des échanges directs entre les individus, dont l'intérêt pour la FAD en général (Henri, 1989) et pour l'apprentissage d'une langue vivante étrangère en particulier (Goodfellow, 1996) fait l'objet d'un large consensus.

Les usages de l'Internet, ensuite, intéressent aussi les psychologues qui étudient les motivations, les buts et les effets des jeux identitaires (*identity games*) dans les échanges médiatisés (courrier électronique, identifiant de connexion, mots de passe, signature, page personnelle, etc.). La désirabilité sociale (Lautenschlager & Flaherty, 1990 ; Martin & Nagao, 1989) et la conscience de soi (Matheson & Zanna, 1989) que les usagers* manifestent à travers ces situations d'échanges interpersonnels interfèrent avec l'image qu'ils peuvent donner et entretenir d'eux-mêmes. À la différence des situations de communication face-à-face, les sujets peuvent exploiter les possibilités du système technique pour faire croire à ce qu'ils ne sont pas (Walther, 1992 ; 1995), qu'il s'agisse d'une situation de la vie courante ou de formation.

4.1. QUELS APPORTS ATTENDUS DE L'EXPLOITATION DES RÉSEAUX NUMÉRIQUES EN PÉDAGOGIE ?

Comme nous l'avons déjà évoqué dans le chapitre 2, l'avènement de l'Internet au milieu des années quatre-vingt-dix a contribué à la fusion de pratiques pédagogiques existantes mais cantonnées à des domaines particuliers : l'enseignement à distance, le travail collaboratif et l'autoformation. On observe désormais, dans les enseignements scolaires ou les formations professionnelles, tant en présence qu'à distance, des pratiques empruntées à ces trois domaines et justifiées par le fait que les réseaux numériques seraient susceptibles d'apporter des solutions à des problèmes pédagogiques aussi variés que[1] :

– l'éloignement des apprenants par rapport aux lieux de formation ;
– la disponibilité pour apprendre ;
– la flexibilité de la demande de formation ;
– l'isolement des apprenants par rapport à leurs pairs ;
– la facilité d'accès aux ressources pédagogiques.

En ce qui concerne l'enseignement à distance, les initiatives et les cursus les plus visibles se développent principalement dans les champs de la formation académique d'adultes, de la formation professionnelle et de la réinsertion. En formation continue, le recours aux TIC permet notamment à des personnes d'obtenir de nouvelles qualifications sans s'absenter de leur poste de travail. Sans remettre en cause fondamentalement le droit à la formation sur le temps de travail, les logiciels de messagerie, de navigation et de vidéocommunication offrent à de nombreux professionnels de maintenir le contact avec leur emploi et d'entrer en relation avec une équipe enseignante et un groupe d'apprenants distants. Grâce à ces moyens de communication réciproques, sans oublier les supports classiques (polycopiés, devoirs, etc.) qui transitent par voie postale, apprenants et enseignants peuvent interagir à distance, de façon individuelle ou collective, synchrone ou asynchrone. C'est dans ce type de contexte que nous avons comparé deux situations de formation à l'anglais, l'une présentielle et l'autre par visioconférence *via* l'Internet (Marquet & Nissen, 2003).

Le déploiement généralisé de l'Internet dans le milieu éducatif, quant à lui, concerne davantage la formation initiale et les élèves des établissements primaires et secondaires. Parallèlement, ceux à qui les structures classiques ne conviennent pas, qui les ont fui ou qu'on en a exclu ne sont pas oubliés non plus, les TIC représentant une seconde chance de poursuivre des études à visée diplômante ou professionnelle. En effet, de plus en plus de dispositifs de réinsertion profitent de l'attrait qu'exercent les TIC sur les populations en grande difficulté pour mener à bien des programmes de formation. Il s'agit avant tout de construire ou de reconstruire un projet personnel pour les plus isolés sur les plans sociaux ou institutionnels. L'installation dans des quartiers sensibles de matériels connectés à l'Internet et l'encadrement d'activités par des travailleurs sociaux y contribuent largement. On retrouve dans ces actions les idées citoyennes du plan IPT du milieu des années quatre-vingts, qui permettait aux associations d'utiliser les installations informatiques des établissements scolaires. À l'époque, ce volet du plan n'avait pas véritablement fonctionné.

Lorsque l'on se tourne vers l'enseignement général, les usages de l'Internet s'inscrivent généralement dans des projets pédagogiques portés par un ou plusieurs enseignants. Ce sont ces enseignants qui tantôt ont été à l'initiative des choix d'équipement de leurs établissements ou tantôt ont accompagné les premiers les politiques d'équipement de pratiques réelles. D'horizons disciplinaires variés, ils ont recours à l'Internet soit comme ressource documentaire pour eux-mêmes et pour leur élèves, soit comme moyen de communication avec d'autres classes ou collègues. Les plus actifs d'entre eux élaborent et maintiennent un site Web mettant en valeur leurs productions et celles de leurs élèves, lorsqu'ils ne prennent pas complètement en charge le site même de leur établissement. Nous avons pu mener des observations dans trois de ces établissements à l'occasion de la conduite d'un programme de recherche-développement d'envergure européenne.

Dans ce chapitre, nous présentons en détail ce que nous avons observé en formation d'adultes et dans l'enseignement secondaire. Nous commençons par une tentative de mesure des distances constitutives d'une situation d'apprentissage des langues par visioconférence. Pour cela, nous avons analysé la nature des échanges verbaux, mais aussi relevé et dénombré de nombreux indices gestuels, tantôt caractéristiques de l'implication du sujet dans la relation pédagogique, tantôt révélateurs de son habileté à manipuler le dispositif technique à partir d'un corpus de 18 enregistrements vidéo de séquences de formation individuelles (9 en situation présentielle *vs* 9 en visioconférence), le tout doublé d'un questionnaire adressé à chacun des apprenants.

Nous continuons par les effets de l'incitation à l'usage de l'Internet au lycée tant sur les aspects scolaires que non scolaires. Deux enquêtes par questionnaires ont été réalisées auprès de trois cents élèves et enseignants interrogés à un an d'intervalle, avant puis après la mise en place de matériels et de connexions à l'Internet, de formations auprès des enseignants volontaires et d'animations d'activités pédagogiques. L'analyse des réponses nous renseigne sur l'évolution des usages pédagogiques mais aussi personnels des réseaux par les membres de la communauté scolaire. Les acquisitions disciplinaires d'une partie des élèves et les décisions d'orientation prises à leur égard en fin d'année ont aussi été observées.

Les enjeux pédagogiques de ces observations ne sont pas neutres. En effet, l'introduction de la visioconférence en tant que substitut de la présence de l'enseignant ou du formateur fait figure de solution dans de nombreuses situations soumises à des contraintes économiques. Le recours à l'Internet dans les établissements scolaires est, quant à lui, devenu extrêmement banal, notamment pour tout ce qui concerne les pratiques documentaires.

Nous verrons que les résultats que nous obtenons ne sont que très partiellement conformes aux hypothèses émises. Et, si le fait d'avoir envisagé les situations observées comme des situations médiatisées par la technique nous a permis de commencer à dépasser la vision techniciste développée jusqu'à présent, la nature des contrastes que nous obtenons nous incite à changer encore notre angle d'analyse, en considérant les situations d'enseignement-apprentissage comme étant instrumentées.

4.2. DIMENSIONS, MESURES ET CONSÉQUENCES DE LA DISTANCE EN FORMATION AUX LANGUES PAR VISIOCONFÉRENCE

L'intérêt de cette étude réside dans l'effort de précision de la mesure de la distance dans un dispositif de formation. Bien que certaines différences entre la situation présentielle et la situation à distance confirment des tendances déjà mises au jour, d'autres variables pourtant connues comme discriminatrices ne le sont pas ou révèlent des tendances inverses à celles attendues. La manière d'appréhender la mesure de la distance ainsi que la connaissance que nous avons de son influence sur l'apprentissage d'une langue vivante étrangère s'en trouvent remises en question. Voyons de quoi il retourne.

L'évolution des objectifs d'enseignement et d'apprentissage des langues vivantes au cours des trente dernières années a entraîné avec elle la transformation des méthodes pédagogiques dominantes. L'introduction de procédés audiovisuels a d'abord eu pour conséquence une focalisation sur l'oral, avec une tendance qui consistait à recourir à ces outils pour des écoutes répétitives. L'approche communicative apparaît ensuite dans un contexte de cohésion et d'intercompréhension européennes, en se fondant sur l'échange en langue étrangère. Il s'agit dès lors pour l'apprenant non seulement de savoir comprendre et parler, mais aussi et surtout de savoir s'exprimer en fonction de la situation et d'interagir de manière adéquate avec son (ses) interlocuteur(s).

La situation d'enseignement-apprentissage de prédilection devient alors la situation de communication elle-même, et ce si possible avec un locuteur natif. Dans les formations en entreprise notamment, le téléphone est à cet égard rapidement apprécié, car il permet à un apprenant de dialoguer avec un formateur sans avoir à se déplacer. Mais l'absence d'image de l'autre dans cette forme d'interaction a souvent été ressentie comme un manque par rapport à l'expression naturelle face à un interlocuteur physiquement présent. La visioconférence comble bientôt ce manque tout en offrant de communiquer à distance avec un locuteur natif ou avec un formateur grâce à la transmission conjointe du son et de l'image vidéo.

Mais si les systèmes techniques donnent l'illusion dans un premier temps de compenser la distance, Jacquinot (1993) préconise plutôt d'exploiter la distance qui sépare l'apprenant de la source de connaissance, sans pour autant reproduire grâce à la technologie une situation proche de l'enseignement traditionnel ou du stage de formation classique. C'est donc à ce défi que sont confrontées les formations à distance en général, et celles qui portent sur les langues en particulier : la distance serait un atout dont la technologie devrait tirer parti.

4.2.1. Quelques caractéristiques de la communication à distance

Le téléphone et la visioconférence sont les seuls médias qui, à défaut d'une conversation avec un interlocuteur physiquement présent, rendent possible des échanges oraux et synchrones. D'abord utilisée pour la communication en entreprise (GIS Enseignement supérieur sur mesure médiatisé, 2000), la visioconférence s'est peu à peu immiscée dans la communication à des fins pédagogiques. Keegan (1996) relève toutefois l'ambiguïté selon laquelle la visioconférence n'est pas forcément au service de l'enseignement à distance proprement dit, qu'il caractérise comme pouvant intervenir n'importe où et n'importe quand, précisément grâce aux outils asynchrones. En effet, la nécessité de convenir d'un moment donné entre le ou les apprenants et le ou les enseignants rangerait, selon lui, la visioconférence dans la catégorie des outils pour l'enseignement virtuel qui exploiterait des outils synchrones. Quoi qu'il en soit, nous ne ferons pas cette distinction.

La notion de communication telle que nous l'avons utilisée jusqu'à présent devient très vite inopérante lorsque l'on étudie les phénomènes d'échanges interpersonnels en général et en situation de formation en particulier, de surcroît à distance et en langues vivantes étrangères. On parle plus volontiers d'interaction dans des acceptions parfois différentes et en même temps complémentaires. Traverso (1999), par exemple, considère l'interaction comme une unité de la conversation, supérieure à la séquence constituée de plusieurs échanges liés thématiquement et/ou pragmatiquement, elle-même supérieure à l'échange composé au minimum de deux interventions produites par des locuteurs différents, l'intervention du premier contraignant celle de l'autre. Kerbrat-Orecchioni (1998), quant à elle, distingue des interactions de différentes natures : les interactions verbales, constituées du matériel phonologique, lexical et morphosyntaxique ; les interactions paraverbales réunissant les intonations, les pauses, le débit et les différentes caractéristiques de la voix ; les interactions non verbales rassemblant l'orientation du corps, les gestes, le regard.

La présence d'un système technique impose en second lieu de distinguer interaction et interactivité. À la distinction faite par Lévy (1997) ou Marot et Darnige (1996), selon laquelle l'interactivité caractérise une communication réciproque ou bidirectionnelle alors que l'interaction est unidirectionnelle, nous préférons celle de Demaizière et Dubuisson (1992) pour qui l'interactivité caractérise le dialogue homme-machine, l'interaction étant réservée au dialogue personne-personne. Cette nécessité de différencier interaction et interactivité apparaît aussi dans la littérature anglo-saxonne. Ainsi, Bates (1995) fait mention d'une part d'une interaction individuelle entre un apprenant et du matériel pédagogique et, d'autre part, d'une interaction en tant qu'activité sociale entre des personnes. De même, Wagner (1994) sépare l'interaction interpersonnelle et l'interaction avec un produit multimédia. Enfin, lorsque le système technique est au service de l'interaction, telle que nous venons de la définir, on a recours à la notion d'interaction médiatisée qui correspond à celle de *Computer Mediated Communication* (CMC) dans la littérature anglo-saxonne.

4.2.2. La notion de distance et ses déclinaisons

Si l'on exclut la notion de distance de transaction proposée par Moore (1993), le caractère spatio-temporel implicite de la distance en formation est loin d'être le seul caractère qu'elle peut revêtir. En effet, Bernard (1999) nous dit qu'il existe une pluralité de distances, plus ou moins mesurables, connotées positivement et négativement à la fois. Jacquinot (1993) propose une décomposition plus précise de la distance qui fait intervenir 6 aspects dont elle énumère les conséquences plutôt que d'en donner des définitions précises. Parmi elles figurent naturellement les distances 1) spatiale et 2) temporelle. Elle introduit ensuite la distance 3) technologique qui sépare les objets techniques des situations d'enseignement apprentissage. Se joue ici la pertinence du recours à ces objets et leur accessibilité. La distance 4) socioculturelle, quant à elle, rend compte de la séparation entre l'univers de l'enseignement et de la formation et l'univers des exclus de l'école. S'y ajoute la distance 5) socio-économique qui renvoie à l'idée de retour sur investissement d'une formation, la rentabilité estimée d'une action de formation à distance pouvant fortement varier selon les contextes. Enfin, la distance 6) pédagogique, que Jézégou (1998) appelle distance éducative, rend compte de ce qui sépare celui qui est engagé dans un apprentissage et celui qui a en charge un enseignement. On trouve en outre chez Esch (1995) un aspect de la distance qui complète assez bien la vision de Jacquinot, dans la notion de distance interpersonnelle, en tant que lien affectif plus ou moins fort.

À ces premiers éléments généraux s'ajoutent des dimensions de la distance spécifiques à l'apprentissage d'une langue étrangère. Souvent présentées comme des handicaps dans ce contexte précis (Coste, 1999), ces dimensions ne sont elles aussi que trop rarement explicitées, à quelques exceptions près. Pour Esch (1995) notamment, l'apprentissage nécessite de combler une distance structurale, au sens de Saussure, une distance sociale et une distance culturelle. Selon elle, la distance structurale est celle qui sépare l'apprenant du nouveau système langagier. La distance sociale revêt la représentation de la langue dont l'apprenant s'est doté et qui affecte plus ou moins son appropriation. La distance qu'elle qualifie de distance culturelle est très proche de ce que Rutter (1987) appelle distance psychologique. Gavelle et De Pembroke (1999) ajoutent à cet inventaire deux dernières dimensions : la distance cognitive et la distance relationnelle. La première renvoie aux différences entre les habiletés cognitives des interlocuteurs et la seconde caractérise les modalités d'interaction entre les interlocuteurs.

4.2.3. Une dichotomie heuristique : les distances matérielles et immatérielles

Selon les auteurs, les acceptions des différentes dimensions de la distance peuvent varier et deux adjectifs différents peuvent désigner la même dimension. Afin d'y voir plus clair et de pouvoir définir des indicateurs lors du montage de notre dispositif d'observation, nous avons choisi de distinguer dans la distance deux types de dimensions : des dimensions que nous avons appelées «matérielles», par opposition à des dimensions «immatérielles». Nous indiquons donc comment nous les avons rangées et définies, mais surtout avec quels indicateurs il est possible de les appréhender d'après la littérature sur le sujet. Il s'agit selon les cas d'observations objectives (quantification de variables) ou subjectives (questions à l'apprenant). Nous préciserons plus loin dans la partie méthodologie le sens de la comparaison attendu pour chaque observation.

4.2.3.1. Les caractéristiques des distances matérielles

Les dimensions matérielles sont constituées de la distance technologique, de la distance temporelle et de la distance spatiale. La distance technologique exprime les obstacles à l'utilisation des systèmes techniques nécessaires à la formation ou, au contraire, la difficulté engendrée par leur absence. Il a notamment été observé que les utilisateurs de systèmes de visioconférences restreignent leurs gestes, en particulier au moment d'appuyer des explications (Goodfellow, 1996). Le nombre de gestes de la part du formateur et de l'apprenant constitue donc un indicateur à retenir. La facilité d'accès aux machines dédiées à la visioconférence, de même que les habiletés techniques des apprenants entretiennent aussi la distance technologique. La présence d'une Web-cam peut perturber les participants, de même que la qualité de la restitution sonore peut entraver l'apprentissage visé.

La distance temporelle renvoie au délai de transmission du son et de l'image dont la longueur influence l'interaction. L'indicateur principal est la qualité de la transmission, qui dépend du décalage entre l'émission et la réception du message, de la présence éventuelle d'un écho et du caractère parfois saccadé de l'image, éléments qui sont connus comme affectant l'interaction (O'Conaill *et al.*, 1993). Par ailleurs, l'opinion des apprenants sur la gêne causée par ces éventuelles perturbations constitue un deuxième point de repère intéressant.

S'il n'y a pas d'ambiguïté sur la distance spatiale en tant que distance géographique, sa perception est sous l'influence de plusieurs éléments qui nécessitent d'être appréhendés. Tout d'abord, indépendamment de la réalité kilométrique qui sépare l'apprenant du formateur, l'impression subjective de cette réalité demeure importante. Le fait de ne pas pouvoir capturer le regard de l'autre, en raison de la disposition de la caméra notamment, est parfois ressenti comme perturbateur. Dans le même ordre d'idée, la distance qui sépare chaque interlocuteur de sa caméra peut affecter le confort de la situation, en particulier si l'un ou l'autre n'affiche pas sa propre image afin de contrôler cette distance. Le cadrage opéré par la caméra qui se limite à la tête et aux épaules des interlocuteurs peut conférer une ambiance confidentielle à la situation (Goodfellow, 1996), désignée par effet *head-and-shoulders*. Là encore, l'impression ressentie par l'apprenant nécessite d'être recueillie.

4.2.3.2. *Les caractéristiques des distances immatérielles*

Les dimensions définies comme immatérielles réunissent la distance interpersonnelle, la distance pédagogique et la distance sociale, que nous séparons pour la clarté de notre propos mais qui sont sous l'influence réciproque des deux autres. Par distance interpersonnelle, nous entendons la plus ou moins grande sympathie que les interlocuteurs ont les uns vis-à-vis des autres. Nous l'avons appréciée à travers des marqueurs que Kerbrat-Orecchioni (1992) appelle des relationèmes : il s'agit de l'appréciation par les apprenants de la relation avec le formateur, notamment dans la perception d'une éventuelle différence entre une relation en présence et une relation à distance. Les opinions émises par les apprenants ont été complétées par l'identification des thèmes dominants dans les conversations, selon qu'ils sont personnel, professionnel ou langagier pour reprendre la distinction de Traverso (1999), et qu'ils sont initiés par l'apprenant ou le formateur.

La distance pédagogique, quant à elle, désigne le rapport, proche ou distant, entre les interlocuteurs et entre leurs actions verbales et gestuelles. Un rapport proche est caractérisé par une coordination de la production des deux interactants. Un indicateur comme l'incitation à la coopération par le formateur à travers le décompte de qui prend la parole, de qui pose les questions, du nombre de tours de parole, de qui parle le plus longtemps, des interruptions coopératives et violatives permettent de juger du caractère égalitaire ou inégalitaire de la relation entre l'apprenant et le formateur (Beattie, 1983 ; Kerbrat-Orecchioni, 1992 ; 1998 ; O'Conaill *et al.*, 1993 ; Sacks *et al.*, 1978 ; Traverso, 1999). Du côté de l'apprenant, son engagement dans l'interaction peut être apprécié par un questionnaire *ad hoc*, afin notamment de juger de la part d'initiative et d'autonomie que l'apprenant prend dans sa formation (Portelli, 1996 ; Springer, 1996). Après ces deux indicateurs unilatéraux, la coopération réciproque atteste de l'équilibre qui participe au bon fonctionnement de la situation de communication. Ainsi, le nombre et la durée des pauses, le nombre de chevauchements de parole et de régulateurs verbaux peuvent varier selon le degré de coopération réciproque.

Enfin, la distance sociale marque les différences de statuts entre les interlocuteurs, dans la manière qu'ils ont de s'exprimer. Le formateur et l'apprenant sont liés par une relation hiérarchique, déterminée par leurs rôles dans la situation de formation. Cette relation reste identique que la formation se déroule en présentiel ou par visioconférence. Par ailleurs, l'apprenant a un statut qui est déterminé par le poste qu'il occupe dans l'entreprise. Or, le statut de l'apprenant ne nous renseigne pas sur la façon dont il le perçoit et dont cela intervient dans l'interaction verbale. Seule la variable du niveau de langue est susceptible de rendre compte du rapport social dans la production verbale (Kerbrat-Orecchioni, 1992) et elle ne peut être utilisée ici entre un locuteur natif (le formateur) et un locuteur non natif (l'apprenant) qui ne maîtrise pas obligatoirement les différents niveaux de langue. En effet, comment savoir si tel geste ou telle phrase est le reflet de l'asymétrie entre les positions sociales occupées par les interlocuteurs. Faute de disposer d'un système de référence, nous réduirons la distance sociale à l'éventuelle quête d'une promotion par le biais de l'apprentissage d'une langue étrangère.

4.2.4. Le dispositif d'observation

L'observation que nous avons conduite a été réalisée au sein d'un institut de formation en langues qui dispense des cours d'anglais par visioconférence auprès de salariés d'une entreprise de plus de 2.000

personnes. C'est le responsable de la formation de cette entreprise qui est à l'initiative de la possibilité du recours à la visioconférence. En effet, les personnes concernées bénéficient d'un certain volume horaire de cours, qu'elles peuvent utiliser à leur convenance en présentiel ou à distance. La seule différence est que les cours classiques sont des séances en groupe alors que les cours par visioconférence sont des séances individuelles. Toutefois, pour les besoins de l'observation, l'école de langue et le responsable de formation de l'entreprise ont accepté que les cours présentiels soient eux aussi individuels, afin de permettre leur comparaison avec les cours à distance.

Neuf sujets (trois hommes et six femmes) ont été observés et filmés au cours de neuf séances présentielles et au cours de neuf séances à distance, chaque sujet ayant donc pratiqué les deux types de situation. Leur pratique du système de visioconférence s'échelonne entre 18 et 24 mois, ce qui en fait des utilisateurs réguliers, pour lesquels la situation d'observation est habituelle, contrairement à d'autres études où le dispositif est nouveau pour les sujets (Goodfellow, 1996; Sellen, 1995). Bien que nous nous intéressions aux apprenants, nos observations ont impliqué quatre formateurs. L'un d'entre eux est intervenu en présentiel et à distance. Deux autres n'ont travaillé qu'en présentiel tandis que le dernier n'a enseigné qu'à distance. Il est à noter que la variable formateur, souvent mal contrôlée dans les études comparatives, a aussi échappé à notre volonté de rigueur. D'un point de vue plus technique, le dispositif repose sur Intel Pro Share® et Netmeeting®[2] ainsi que sur une ligne téléphonique Numéris. Une Web-cam est fixée sur l'écran de chaque ordinateur. Le son est capté par un microphone et restitué par des haut-parleurs. Les séances ont été enregistrées au moyen d'un camescope et les mesures que nous rapportons ont été faites ultérieurement à partir des dix-huit enregistrements vidéo.

D'une manière générale, nous nous attendons à ce que les deux conditions de cours se distinguent et que les différentes dimensions de la distance se manifestent soit à travers les décomptes des éléments inventoriés plus haut, soit à travers les réponses des sujets au questionnaire que nous leur avons aussi soumis.

> De façon plus précise, nous formulons des hypothèses en direction des apprenants conformes aux éléments de la littérature : en visioconférence, une impression de plus grande proximité interpersonnelle, une meilleure coopération, une implication plus importante et plus active qu'en présentiel, ainsi qu'une absence de perturbation ou de gêne liée à l'utilisation du dispositif. Afin de mettre ces hypothèses à l'épreuve, nous avons recueilli un ensemble d'informations dont le détail est consigné dans le tableau ci-dessous (*cf.* tableau 8), selon le type de distance auquel ces informations renvoient.

Tableau 8 — Indicateurs, indices et tendances attendues.

Types de distance	Indicateurs	Indices	Tendances attendues
Technologique	Gestes	Nb de gestes de l'apprenant	Présentiel > visioconf.
	Accès au dispositif	Question fermée à l'apprenant	Facile
	Niveau d'habileté d'utilisateur	Questions à l'apprenant sous forme d'échelle d'attitude	Bon
Temporelle	Qualité de la transmission	Délai de transmission	Pas de tendance attendue
		Écho	Pas de tendance attendue
		Image saccadée	Pas de tendance attendue
	Gêne occasionnée	Question fermée à l'apprenant	Négligeable
Spatiale	Impression d'éloignement	Question fermée à l'apprenant	Négligeable
	Absence de capture du regard de l'autre	Question fermée à l'apprenant	Non perturbatrice
	Distance par rapport à la caméra	Observation directe	Non perturbatrice
	Perception de l'effet head-and-shoulders	Question ouverte à l'apprenant	Impression de confidentialité
Interpersonnelle	Sympathie entre les interlocuteurs	Question fermée à l'apprenant	Tendance inconnue
	Thèmes de la conversation	Genre de thème : personnel - professionnel - langagier	Plus professionnel en présentiel - plus personnel en visioconf.
		Nb de thèmes initiés par le formateur - par l'apprenant	Tendances inconnues
Pédagogique	Incitation du formateur à la coopération	Nb de questions posées par le formateur - par l'apprenant	Présentiel > visioconf.
		Nb de prises de parole par le formateur - par l'apprenant	Présentiel > visioconf.

		Durée moyenne des tours de paroles du formateur - de l'apprenant	Présentiel ≃ visioconf.
		Nb d'interruptions violatives par le formateur - par l'apprenant	Présentiel > visioconf.
		Nb d'interruptions coopératives par le formateur - par l'apprenant	présentiel < visioconf.
	Engagement de l'apprenant dans l'interaction	Questions fermées à l'apprenant	Présentiel < visioconf.
	Coopération réciproque	Nb de pauses	Présentiel < visioconf.
		Nb de chevauchements	Présentiel > visioconf.
		Nb de régulateurs émis par le formateur - par l'apprenant	Présentiel > visioconf.
Sociale	Statut de l'apprenant	Question ouverte à l'apprenant	Pas de tendance attendue
	But de la formation	Question ouverte à l'apprenant	Promotion sociale

Ces informations ont été recueillies au cours d'une séquence de dix minutes, de la dixième à la vingtième minute de chaque enregistrement, qui correspond au moment du cours où les éventuelles questions sur les séances précédentes ont été évoquées et où le travail a véritablement commencé.

Un questionnaire auto-administré par l'apprenant, comportant des questions ouvertes, fermées et des échelles d'attitudes de type Likert (transformation de réponses hiérarchisées en scores), a complété le dispositif d'observation. Les tendances que nous donnons sont celles qui valideraient nos hypothèses. Les valeurs numériques obtenues, soit d'après les différents comptages effectués à partir des bandes, soit d'après le codage des réponses aux questions, ont fait l'objet de comparaison à l'aide de tests statistiques non paramétriques, compte tenu de la taille de l'effectif (n=9) : test de Wilcoxon pour des moyennes appareillées et test du χ^2 deux pour des occurrences.

4.2.5. Résultats

Nous présentons ici les résultats dans le même ordre que dans le tableau ci-dessus. Chaque dimension de la distance est analysée à l'aide de la série d'indices qui la caractérise, eux aussi envisagés dans le même ordre que *supra*.

> Lorsque cela est utile, nous donnons entre parenthèses les valeurs observées pour chacune des situations, suivies du résumé du test : la première des deux valeurs concerne la situation présentielle, la seconde renvoyant à la situation par visioconférence.

4.2.5.1. Les distances matérielles

La distance technologique : Le nombre moyen de gestes que les apprenants effectuent ne varie pas significativement selon qu'ils sont en situation présentielle ou en visioconférence (14 *vs* 12,67 ; T=14 ; ns à n=8). L'accès aux machines dédiées à la visioconférence est jugé difficile, en raison notamment d'une obligation de réservation à l'avance du créneau horaire, comparativement aux séances présentielles qui ont lieu à horaires réguliers. Le niveau d'habileté déclaré par les utilisateurs est élevé (manipulation de l'ordinateur : 3,66/4 ; manipulation de la Web-cam : 3,44/4 ; manipulation du logiciel : 3,33/4 ; manipulation de documents textuels : 3,22/4 ; manipulation de documents picturaux : 3,33/4).

La distance temporelle : L'environnement technique dans lequel s'est déroulée l'observation est tel que le formateur bénéficie d'une transmission fluide et immédiate du son et de l'image. En revanche, pour l'apprenant, si l'image est fluide et transmise en temps réel, le son est décalé d'environ une seconde, ce qui d'un point de vue technique est important. Cette importance est attestée par les déclarations des apprenants, qui sont plus nombreux à être gênés par la qualité de la transmission (5 sujets sur 9) qu'à ne pas l'être (4 sujets sur 9).

La distance spatiale : Au-delà des 110 km qui séparent l'entreprise où se trouvent les apprenants de l'institut de formation où interviennent les formateurs en situation de visioconférence, l'impression d'éloignement entre l'apprenant et le formateur est ressentie par cinq sujets sur neuf. Huit sujets sur neuf ont néanmoins l'impression que le formateur les regarde, en raison de l'effort intentionnel qui consiste à porter le regard plutôt vers la caméra que vers l'écran. À cet égard, le formateur est toujours bien placé par rapport à sa caméra, et ce afin d'offrir à son interlocuteur le meilleur confort possible. La réciproque n'est, quant à elle, pas vraie et le formateur doit souvent se contenter de visages mal cadrés ou déformés, car trop près de la caméra. Enfin, l'impression de confidentialité liée à l'effet *head-and-shoulders* n'est ressentie que par trois sujets sur neuf.

4.2.5.2. Les distances immatérielles

La distance interpersonnelle : L'appréciation que les apprenants portent sur leur relation avec le formateur est la même entre les deux types de situation de cours. La répartition entre les thèmes abordés au cours des échanges, quant à elle, est significativement différente d'une situation à l'autre (χ^2=13,92 ; p<.05 à ddl=2) : la situation présentielle se prête significativement plus au thème professionnel, les autres thèmes étant également présents par ailleurs. Le nombre moyen de thèmes initiés par l'apprenant ne varie pas significativement entre les deux situations (3,89 *vs* 2,78 ; T=9,5 ; ns à n=9). En revanche, le formateur introduit significativement plus souvent un thème en situation présentielle (10,11 *vs* 6,11 ; T=1 ; p<.05 à n=8).

La distance pédagogique : Examinons tout d'abord les indices relatifs à l'incitation du formateur à la coopération. Le nombre moyen de questions posées par le formateur en situation présentielle est significativement supérieur (25,33 *vs* 18,67; T=6; p=.05 à n=9), ce qui n'est pas le cas pour l'apprenant qui pose en moyenne sensiblement le même nombre de questions dans les deux situations (7,89 *vs* 8,78; T=20,5; ns à n=9). Le nombre moyen de tours de parole est significativement plus important en situation présentielle, tant pour le formateur que pour l'apprenant (respectivement, 66,56 *vs* 53,78; T=2,5; p<.05 à n=9 et 65,89 *vs* 53,11; T=2,5; p<.05 à n=9). La durée moyenne des tours de parole du formateur est significativement plus longue en visioconférence (3,84 *vs* 5,86; T=7; p<.10 à n=9), alors que c'est le contraire pour l'apprenant, dont la durée moyenne des tours de parole est significativement plus longue en situation présentielle (5,66 *vs* 4,19; T=3; p<.05 à n=9). Les interruptions violatives du formateur sont significativement plus nombreuses en situation présentielle (4,89 *vs* 2,11; T=3; p<.05 à n=8), alors que ses interruptions coopératives restent stables (1,44 *vs* 1,22; T=8; ns à n=6).

Quant à l'apprenant, le nombre de ses interruptions, qu'elles soient violatives ou coopératives, n'évolue pas significativement d'une situation à l'autre (respectivement, 2,78 *vs* 1,55; T=5; ns à n=7 et 2,00 *vs* 1,89; T=16; ns à n=8). Les réponses aux questions sur l'engagement dans l'interaction révèlent que le sentiment dominant est que les deux situations s'équivalent.

En ce qui concerne la coopération réciproque, le nombre moyen de pauses ne varie pas significativement entre les deux situations (8,78 *vs* 7,78; T=14,5; ns à n=8). En revanche, les chevauchements sont significativement plus nombreux en situation présentielle qu'en visioconférence (18,78 *vs* 12,44; T=1,5; p<.01 à n=9). Le nombre moyen de régulateurs prononcés par le formateur (ahum, OK, yes, yeah, etc.) est significativement supérieur en situation présentielle (14,33 *vs* 7,33; T=5; p<.05 à n=9), ce qui n'est pas le cas pour l'apprenant qui en prononce sensiblement autant (10,33 *vs* 10,89; T=17; ns à n=8).

La distance sociale : Les apprenants déclarent tous être à l'initiative de leur formation. La majorité d'entre eux suit des cours d'anglais notamment pour avoir plus de facilité dans les tâches les mettant en contact avec des interlocuteurs étrangers. Aucun des apprenants ne poursuit cette formation dans le but d'obtenir une promotion.

4.2.6. Quels effets pour quelle distance ?

Il ressort de nos observations que les distances matérielles de la visioconférence ne sont pas forcément attestées par les indices attendus et, lorsqu'elles le sont, pas toujours dans le sens escompté. Au sujet de la distance technologique, la seule variation que nous observons concerne la nécessité de réserver un créneau horaire pour tenir une séance par visioconférence. Selon les déclarations des apprenants, cela constituerait une contrainte. La distance temporelle quant à elle pâtit d'un décalage entre le son et l'image jugé gênant par plus de la moitié des apprenants. Enfin, la distance spatiale, bien que ressentie par quelques-uns des apprenants, semble atténuée par le professionnalisme du formateur qui se cadre correctement et prend soin de regarder la caméra pour le confort de l'apprenant.

À l'instar de ce que nous avons constaté pour les distances matérielles, l'ensemble des données recueillies sur les distances immatérielles révèle que de nombreuses variables pourtant attendues comme discriminatrices sont en définitive neutres. La différence de distance interpersonnelle n'apparaît que dans la teneur plus professionnelle de la conversation en situation présentielle, et par le fait que le formateur y introduit plus souvent le thème de la conversation qu'en visioconférence. Les variations de la distance pédagogique ne semblent pas se manifester à travers l'engagement de l'apprenant dans l'interaction. Elles sont surtout visibles sur la différence d'incitation à la coopération de la part du formateur, qui pose plus de questions et provoque davantage d'interruptions violatives en situation présentielle au détriment de l'apprenant. La coopération réciproque, quant à elle, est légèrement affectée par les chevauchements plus nombreux en situation présentielle, comme l'ont aussi constaté d'autres auteurs (O'Conaill et al., 1993; Rutter, 1987; Sellen, 1995) et par la plus forte régulation opérée par le formateur en visioconférence, contrairement cette fois-ci à d'autres travaux (O'Conaill et al., 1993). Il semble toutefois que l'altération que nous observons lors d'une interaction à deux est moindre que ce qu'ont pu montrer Kötter et al. (1999) avec un usage en groupe. Enfin, la distance sociale, telle que nous avons pu la mesurer d'après les déclarations des apprenants, ne paraît pas être influencée par l'une ou l'autre des situations.

Quoi qu'il en soit, cet usage bien précis de l'Internet coexiste avec des usages pédagogiques beaucoup plus flous et difficiles à cerner, notamment dans l'enseignement secondaire. S'il n'est plus question de distance avec ces usages de l'Internet en classe, l'impact réel sur la communauté éducative reste une question débattue.

4.3. LES PREMIERS EFFETS DE LA CONNEXION DES LYCÉES À L'INTERNET

Le programme de recherche-développement IN-TELE (INternet-based TEaching and LEarning) que nous avons conduit avec le soutien de la Commission Européenne a consisté précisément à contribuer au débat en proposant des solutions techniques et pédagogiques en réponse aux difficultés que rencontrent les élèves et les enseignants dans l'utilisation de l'Internet (Marquet, 2001). Ces difficultés semblent tenir en trois points :

– Quels sont les matériels et les logiciels qui se prêtent le mieux à tel ou tel contexte d'utilisation et à son évolution ?

– Quels usages peut-on privilégier en fonction de telle ou telle intention pédagogique ?
– Qui former à l'utilisation de l'Internet et comment le faire ?

Nous avons mis en œuvre trois solutions empiriques entre janvier 1998 et juin 2000 dans des établissements du second degré situés dans quatre pays : l'Allemagne (Thuringe), la France (Alsace), le Royaume-Uni (Essex) et la Suède (Norrland). Elles ont ensuite été évaluées à travers l'évolution des opinions et des attitudes des lycéens concernés.

La première solution a été matérielle et logicielle. Il s'est agi, selon les cas, d'équiper d'une infrastructure réseau les établissements participants ou simplement d'améliorer l'accès à l'Internet, de sorte que les élèves et les enseignants puissent communiquer de manière fiable avec les autres partenaires d'IN-TELE. Nous avons aussi installé des dispositifs mobiles : un ordinateur portable couplé à un vidéo projecteur, que l'on peut connecter n'importe où dans un établissement scolaire grâce à une prise réseau murale ou à une liaison sans fil à haute fréquence. Un tel choix s'est imposé afin de permettre la plus grande variété possible d'utilisations en classe : messagerie, navigation, projection, etc. Pour finir sur ce volet technique, une déclinaison pédagogique du logiciel de travail collaboratif HyperWave™ a été développée et mise à disposition des établissements gratuitement. Conçu au départ pour l'industrie, sa version «éducation» permet en particulier de publier des documents au format HTML (HyperText Markup Language) et de les partager avec des utilisateurs dispersés, *via* un simple navigateur.

La deuxième solution a eu trait à la formation. Nous ne sommes intervenus qu'auprès des enseignants volontaires. Ils ont été initiés au fonctionnement général des réseaux et formés à l'utilisation avancée des logiciels de bureautique et à l'usage pédagogique de la messagerie et de la navigation. Ils ont en outre bénéficié d'un service gratuit de fournisseur d'accès à l'Internet depuis leur domicile (à une époque où ce type d'offre n'existait encore pas auprès du grand public) et, pour les plus engagés d'entre eux, d'une ligne Numéris individuelle à tarif préférentiel.

La troisième et dernière solution recouvre les usages en classe. Des activités pédagogiques dans le même esprit que celles du programme ACOT (Apple Classrooms Of Tomorrow) sous la forme d'échanges électroniques entre enseignants et élèves des différents pays ont été organisées et animées par une personne recrutée à cette fin dans chaque pays (Haymore Sandholtz *et al.*, 1997). De multiples collaborations ont ainsi vu le jour sous différentes formes : forum, enquête, correspondance, réalisation de sites Web, etc.

La conduite de ces activités et la mesure de leurs effets se sont inspirées de travaux à la charnière entre les Sciences de l'éducation et la Psychologie sociale. Plus précisément, ce sont les résultats d'études récentes sur les usages des TIC dans l'enseignement et la communication médiatisée qui ont trouvé une application dans les matériels installés, les formations dispensées et les activités pédagogiques organisées. Les recherches sur les usages des TIC dans l'enseignement qui ont retenu notre attention s'intéressent notamment aux transformations des interactions apprenants-enseignants en présence d'un système technique et aux développements de l'enseignement à distance. Leurs résultats insistent sur la nécessité de faire surmonter par les sujets les difficultés d'utilisation, afin qu'ils tissent avec leurs pairs et l'enseignant des relations propices aux apprentissages visés (Linard, 1996). Si quelques précautions émergent, il ne se dégage pas encore de prescriptions consensuelles qui permettraient à des apprenants d'accéder aux contenus enseignés et à l'enseignant de jouer un véritable rôle de médiateur du savoir. La seule idée mise en avant, assez banale du reste, est celle qui consiste à faire en sorte que l'architecture matérielle et logicielle soit d'abord au service de l'action pédagogique et de la communication.

D'autres travaux, quant à eux, font état de modes particuliers d'interaction interpersonnelle et de construction identitaire spécifiques aux utilisateurs réguliers de la messagerie électronique et aux internautes (Turkle, 1995), notamment chez ceux qui développent leurs propres pages personnelles (Chandler & Roberts-Young, 1999). Il semble que ces utilisateurs de l'Internet aient une représentation d'eux-mêmes différente des non utilisateurs, qui se caractérise par plusieurs traits. Ils penseraient appartenir à une catégorie sociale un peu à part (Spears & Lea, 1992; Spears et al., 1990). Ils manifesteraient une habileté supérieure aux autres à se mettre en valeur dans leurs échanges par ordinateur interposé ou en présence d'autrui (Walther, 1992; 1995). Pour ceux qui possèdent un site, la conscience qu'ils ont d'eux-mêmes dépendrait de l'audience de leur site.

En ce qui concerne des aspects plus interculturels des réseaux, les enquêtes qui mesurent l'influence des médias sur les stéréotypes nationaux montrent toutes que l'opinion à l'égard des étrangers résulte de la qualité et de la quantité d'informations disponibles (Hagendoorn, 1991), les hommes considérant davantage que les femmes leur groupe d'appartenance comme dominant (Sidanius et al., 1995). Parallèlement, la construction de l'identité européenne est soumise à l'influence de l'identité nationale d'origine, du statut social (Deflem & Pampel, 1996) et de la prégnance des particularités régionales : plus elles sont distinctes de l'identité nationale, plus la conscience européenne est marquée (Huici *et al.*, 1997). Aussi, l'un des moyens de développer ce sentiment supranational est-il de favoriser les échanges entre individus, en les plaçant dans des situations de décentrement et de changement de perspective culturelle (Abdallah-Pretceille, 1996).

C'est donc cet ensemble de résultats qui a constitué le socle de notre action, tout en fournissant, comme nous allons le voir, les indicateurs d'une éventuelle évolution des attitudes des lycéens.

4.3.1. Une enquête sur les usages de l'Internet et l'évolution des attitudes des lycéens

4.3.1.1. Les résultats d'une enquête similaire au Québec

À l'époque de ce travail, des résultats d'une étude similaire sont disponibles (Pons *et al.*, 1999) et rendent compte des représentations, de l'utilisation et de l'appropriation de l'Internet par les adolescents québécois. Les auteurs ont procédé à une enquête destinée à étudier les interactions entre les adolescents et l'Internet à partir des principaux contextes où se développe leur activité informatique : l'école, la maison et la bibliothèque municipale. Cette enquête a été menée durant l'année scolaire 1997-1998, sur une population totale de près d'un millier de lycéens, à raison d'une passation en début d'année scolaire et d'une autre en fin d'année. Le principal résultat est que l'école joue encore un rôle mineur dans la diffusion des usages et que l'ensemble des réponses produites par les élèves interrogés relève de pratiques majoritairement domestiques.

Parmi quelques aspects dominants, les auteurs notent que, contrairement aux discours à propos de l'Internet, souvent excessifs tant dans l'apologie que dans la condamnation, les adolescents ont en général une perception beaucoup plus modérée du phénomène, et cette modération croît avec l'usage. La présence de l'Internet souhaitée par les autorités politiques et scolaires n'est pas ressentie par les adolescents comme une perturbation majeure de l'environnement socioculturel. Cette présence de l'Internet en milieu scolaire apparaît notamment plus tributaire d'un enseignant engagé que d'une planification institutionnelle. Toutefois, plus de 50 % des adolescents ont vécu leur première expérience de l'Internet à l'école, mais le plus souvent, cette première expérience est restée sans suite. C'est donc surtout à la maison, pour l'instant, que s'est réalisée la confrontation entre l'adolescent et l'Internet, à condition bien sûr que celui-ci bénéficie d'un accès domestique. Le facteur économique constitue un élément majeur réglant l'accès ou non à l'Internet à la maison et explique le clivage entre les jeunes familiers avec l'Internet et ceux qui ne le sont pas. Mis à part dans les établissements où l'informatique est l'une des «spécialités», l'intégration de l'Internet dans les pratiques scolaires reste très marginale. Il en résulte finalement très peu de transferts entre l'usage scolaire et l'usage domestique de l'Internet.

Entre septembre 1997 et juin 1998, l'accès à l'Internet s'est notablement répandu : en juin, 92 % des adolescents interrogés avaient déjà utilisé l'Internet (contre 70 % en septembre); le pourcentage d'usagers réguliers a doublé (de 33 % à 64 %); la proportion de ceux qui disposent d'un branchement à la maison est passée de 19 % à 30 %. En revanche, durant cette même période, très peu de changements ont été relevés au bout de huit mois d'utilisation au niveau des pratiques elles-mêmes, qu'il s'agisse des contenus visités ou des modes d'utilisation. On pourrait davantage y constater une intensification et un renforcement des pratiques observées antérieurement. Les pratiques s'intègrent assez naturellement dans le rythme quotidien : les parents éprouvent peu la nécessité d'en restreindre la fréquence (de même, ils n'interfèrent quasiment pas sur la nature de l'utilisation proprement dite). La connexion à l'Internet est plutôt solitaire, parfois entre frères et sœurs ou avec des amis, très rarement familiale. L'Internet constitue avant tout un instrument de divertissement, de loisir, même si les adolescents lui reconnaissent un intérêt comme outil d'apprentissage et professionnel.

La relation aux médias traditionnels (revues, radio, télévision, vidéo) a peu changé en termes de pratique, mais elle fait l'objet d'une réévaluation, parfois sévère (par exemple, les adolescents sont très nombreux à condamner le fait que la télévision leur impose ses programmes). Bien qu'ils déclarent qu'une pratique intensive de l'Internet se ferait aux dépens surtout de la télévision, les adolescents consacrent toujours autant de temps à la télévision, même s'ils ont un accès domestique à l'Internet. Internet et télévision demeurent complémentaires (la télévision reste une source importante d'adresses de sites; plusieurs des sites fréquentés sont dédiés à l'univers télévisuel). Seuls les moments de «télévision-tapisserie» (la télévision pour meubler un désœuvrement, sans objectif d'écoute précis) sont détournés au profit de l'Internet. L'écoute de la musique (radio, enregistrement) aurait tendance à légèrement augmenter : elle peut se conjuguer avec la pratique de l'Internet.

Sur le plan des contenus visités, les sites Web choisis par les adolescents sont intimement liés à leurs goûts et à leurs loisirs personnels (jeux, groupes de musique, vedettes de cinéma, humoristes, émissions de télévision, etc.). En termes de communication, un nombre important d'adolescents privilégie la pratique du *Chat* à celle du courrier électronique. Les plus engagés dans la pratique de l'Internet développent une activité complexe intégrant simultanément plusieurs fonctions accessibles du réseau (mêlant recherche d'informations, communication avec les pairs, téléchargement, production de pages personnelles, etc.). Mis à part le téléchargement de données dont l'accès est gratuit (logiciels, démonstrations de jeux vidéo, extraits visuels et sonores), les adolescents n'utilisent quasiment pas la dimension commerciale de l'Internet. En fait, l'activité dominante, qu'elle soit d'ordre encyclopédique ou communicationnelle, consiste beaucoup plus à revisiter des terrains connus qu'à tenter l'exploration de nouvelles parties du réseau. On est loin de l'image du jeune internaute qui, grâce à la connexion à l'Internet à la maison, communique avec des correspondants du monde entier ou passe son temps à explorer de nouveaux domaines de connaissance.

4.3.1.2. *Les effets du programme IN-TELE*

Cet ensemble de pratiques souligne l'importance du rôle que peut jouer l'école dans d'alphabétisation technique d'abord, dans l'exploitation des informations à des fins pédagogiques ensuite. Au cours d'IN-TELE, ce sont trois lycées du Bas-Rhin (67) qui ont été choisis en tant qu'établissements pilotes pour la France. Un quatrième établissement a servi de groupe contrôle. Sa principale caractéristique est qu'il a bénéficié de la politique de raccordement à l'Internet menée par le Rectorat de l'Académie de Strasbourg et la Région Alsace. L'observation proprement dite a consisté à réaliser deux enquêtes par questionnaires à un an d'intervalle, à recueillir les pages Web réalisées par les classes dans le cadre des activités organisées entre les quatre pays. La première enquête est intervenue en juin 1998 au démarrage du programme. La seconde enquête, quant à elle, s'est déroulée en juin 1999, après que les matériels aient été installés, que les enseignants aient été formés et que des activités nécessitant l'usage de l'Internet aient été organisées. En outre, bien que cela n'ait pas fait l'objet d'une analyse systématique, nos contacts réguliers avec les enseignants engagés dans le dispositif nous ont permis de mieux comprendre certaines de leurs difficultés quotidiennes d'usage des TIC.

Les deux questionnaires comportaient les mêmes séries de questions organisées en différentes échelles d'attitude de type Likert. Il s'agissait de donner son degré d'accord ou de désaccord à propos d'affirmations portant sur les points suivants (Suckfüll *et al.*, 1999) :

— Les usages des technologies dans l'enseignement : la crainte d'utiliser des ordinateurs, les attentes à l'égard de l'utilisation de l'Internet en cours et la demande de transformation de la relation pédagogique.

— La communication médiatisée : les espoirs de rencontres virtuelles sur l'Internet, les représentations de soi dans un groupe et la conscience individuelle de soi.

— L'interculturalité : les qualités et les défauts attribués à la France; les qualités et les défauts attribués au pays étranger engagé dans le projet considéré comme le plus différent de la France, les comportements xénophobes.

Bien que plus de 250 élèves aient été interrogés au cours des deux enquêtes, seuls cent vingt-six d'entre eux étaient présents à la première et à la seconde enquête. Ce sont ceux-là même qui ont été retenus pour l'analyse des réponses et qui nous renseignent sur l'évolution des comportements qui ont été observés. Nous nous attendions naturellement à ce que les scores à ces échelles évoluent favorablement sous l'influence d'un usage pédagogique régulier de l'Internet.

Ce sont autant de scores qui ont été calculés à partir des réponses des sujets aux différents items. Ils ont ensuite été comparés au moyen du test statistique de l'analyse de la variance à mesure répétée à trois facteurs : 1) l'évolution naturelle des comportements au cours de l'année scolaire; 2) établissements (pilotes *vs* contrôle); 3) garçons *vs* filles. Par souci de clarté, nous illustrons les résultats significatifs par des graphes, dans lesquels ne figurent que les effets principaux ou les interactions avec le facteur établissement.

Parmi les différentes opinions et attitudes que les questionnaires ont permis d'appréhender, il en est une qui a évolué de manière significative indépendamment de notre action. Il s'agit des espoirs de rencontres virtuelles sur l'Internet qui ont augmenté au cours de l'année écoulée chez tous les élèves (*cf.* fig. 7a : $F_{(1, 115)}=3,91$; $p<.10$). Les effets du programme IN-TELE, quant à eux, ont surtout été visibles sur la crainte d'utiliser les ordinateurs de la part des élèves. Nous avons observé une diminution significativement contrastée de cette réticence. Elle a diminué de façon plus importante chez les élèves des établissements pilotes que chez les élèves de l'établissement contrôlé (*cf.* fig. 7b : $F_{(1, 122)}=5,20$; $p<.05$).

Au terme des activités conduites entre les différents pays, les élèves des établissements pilotes attribuent davantage de qualités à la France alors que les élèves de l'établissement contrôle lui en attribuent moins (*cf.* fig. 7c : $F_{(1, 122)}=6,07$; $p<.05$). C'est le phénomène inverse qui est observé pour le pays considéré comme le plus différent de la France. Les élèves des établissements pilotes lui attribuent moins de qualités pendant que les élèves de l'établissement contrôle lui en attribuent davantage (*cf.* fig. 7d : $F_{(1, 112)}=3,49$; $p<.10$).

Outre l'absence d'interaction entre les facteurs sexe et établissement, ajoutons aussi que quatre derniers aspects font l'objet d'une remarquable stabilité et ne sont influencés par aucun des facteurs contrôlés :

— les attentes à l'égard de l'utilisation de l'Internet en cours;

LES APPORTS DES RÉSEAUX À LA PÉDAGOGIE 75

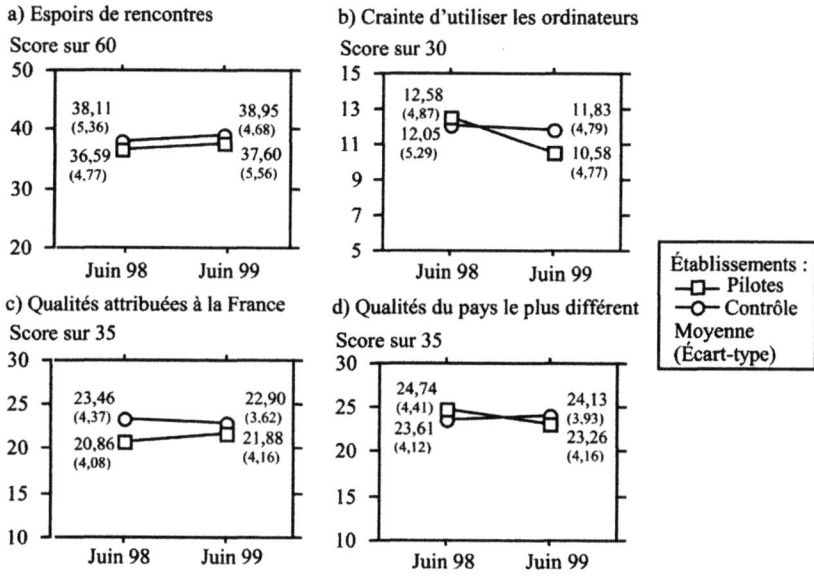

Figure 7 — Effets principaux et interactions avec le facteur établissement.

– la demande de transformation de la relation pédagogique ;
– la conscience individuelle de soi ;
– les comportements xénophobes.

En ce qui concerne les productions des classes, nous avons observé qu'elles ont été entravées par la lourdeur du logiciel HyperWave™. En effet, si les élèves ont pu réaliser des documents en vue de les publier sur l'Internet, il leur a été ensuite difficile de les diffuser auprès des différents partenaires au moyen du logiciel mis à disposition. Les fonctionnalités offertes ne répondaient en réalité pas aux préoccupations des enseignants et de leurs élèves, si bien qu'il n'en a été fait pratiquement aucun usage et que certaines classes se sont tournées vers des hébergeurs gratuits ou ont simplement mis leurs documents en ligne sur le site de leur établissement. Du côté des enseignants, il est ressorti de nos rencontres informelles qu'une application permettant aussi bien d'avoir accès à des ressources en provenance de l'Internet ou la publication de documents pour la classe favoriserait une intégration globale des TIC dans les pratiques quotidiennes.

4.3.1.3. Des manifestations de l'Internet scolarisé en guise d'effets

Avant d'aller plus loin, il paraît important de rappeler dans quelles conditions les résultats qui viennent d'être exposés ont été obtenus. Il s'agit de déclarations de lycéens à un an d'intervalle, à partir desquelles des scores caractérisant des opinions et des attitudes ont été calculés et comparés. Il subsiste donc toujours un doute sur la sincérité des réponses qui, en retour, affecte la portée de nos interprétations. Nous pouvons toutefois faire un certain nombre de commentaires.

Tout d'abord, à propos des attitudes liées aux usages des technologies dans l'enseignement, nous avons constaté que les élèves des établissements pilotes ont vu leur crainte d'utiliser des ordinateurs diminuer de façon plus importante que les autres. Cependant, cette diminution ne s'est pas accompagnée d'attentes plus importantes de recours à l'Internet ou d'une demande plus pressante de changement de relation avec les enseignants. En second lieu, l'évolution des conduites sociales est apparue comme irrégulière. Si les espoirs de rencontres virtuelles sur l'Internet ont augmenté chez tous les lycéens interrogés, c'est vraisemblablement en raison de la place et de l'image que la société actuelle réserve à l'Internet, comme en témoigne aussi l'enquête de Pons *et al.* (1999). Nous avons aussi relevé des différences d'évolution de la perception de la France et du pays partenaire d'IN-TELE jugé comme le plus différent (Allemagne, Royaume-Uni ou Suède) entre les élèves des établissements pilotes et les autres. En effet, les lycéens engagés dans le projet ont une perception de la France qui s'améliore en même temps que leur perception du pays étranger désigné se dégrade, à l'inverse des autres lycéens. Ce phénomène, qui est contraire aux attentes, s'explique probablement par les difficultés rencontrées lors de l'utilisation d'HyperWave™. Sans remettre en cause la construction de l'identité européenne par des collaborations internationales sur l'Internet, ce résultat souligne la difficulté d'y parvenir avec des outils inappropriés.

Mais, plus que les évolutions attendues ou contraires à celles attendues, ce sont les absences de modification des attitudes des lycéens qui retiennent notre attention. L'absence d'incidence de l'incitation à l'utilisation de l'Internet sur la perception du nouveau rôle de l'enseignant, de même que sur les comportements xénophobes, appelle quelques remarques. Dans un projet volontariste comme IN-TELE, l'intensité des usages de l'Internet en classe n'a sans doute pas encore été suffisante pour que des changements perceptibles apparaissent. En outre, les usages qui ont dominé n'ont été que de l'Internet « scolarisé » : de la recherche documentaire naïve, de la consultation d'informations ou de manuels en ligne, de la correspondance entre élèves contrôlée, des collaborations internationales non finalisées, etc. Bref, toutes les manifestations classiques des bonnes intentions pédagogiques, dont nous avons été en partie les instigateurs.

4.3.2. Zooms sur les résultats scolaires et l'orientation des élèves

4.3.2.1. L'usage des TIC : une variable absente des modélisations de l'orientation scolaire

Si le conseil de classe est davantage un instrument de gestion des flux d'élèves plutôt que d'individualisation des parcours, certains travaux montrent que de nombreuses variables y sont néanmoins considérées et que des élèves aux profils scolaires semblables peuvent se voir proposer des orientations parfois différentes, davantage en fonction de leur situation géographique, de leur origine sociale, etc., plutôt que de leur mérite ou de leur potentiel (Baluteau, 1993 ; Duru-Bellat, 1988 ; Merle, 1996). Quoi qu'il en soit, les travaux disponibles aujourd'hui mettent l'accent sur deux types de facteurs qui interviennent dans une orientation : des facteurs individuels et des facteurs institutionnels.

Les facteurs individuels coïncident avec ce qu'il est convenu d'appeler le déterminisme social de la réussite scolaire. Par exemple, chez les jeunes entrés en sixième en 1980, l'obtention du baccalauréat varie très largement en fonction de l'origine sociale (Duru-Bellat, 1997) : de 15 % chez les enfants d'ouvriers non qualifiés à près de 70 % chez ceux de cadres ou d'enseignants. Les conseils de classe sont en outre influencés par les demandes familiales : le seul fait de demander une orientation avec détermination accroît significativement la probabilité de l'obtenir (Duru-Bellat, 1988). Les familles des milieux aisés ont tendance à demander les orientations les plus prestigieuses, quelle que soit la valeur scolaire de leur enfant, l'auto-sélection des familles populaires étant beaucoup plus sévère. Par ailleurs, plus l'élève vieillit, plus le retard scolaire apparaît comme un critère qui restreint les ambitions des familles aux ressources modestes. À la prise en considération du coût des études s'ajoute ce qu'elles ne rapportent pas.

Il existe aussi des différences d'orientation selon la taille des collèges. Les chances d'obtenir l'orientation de son choix sont d'autant plus grandes que l'établissement est important. Un établissement de grande taille possède de multiples filières qu'il va chercher à remplir d'abord avec ses propres élèves. Certains collèges sont par ailleurs plus exigeants que d'autres envers les élèves. Les collèges les plus sévères sont ceux qui accueillent les élèves les plus performants. Réciproquement, les collèges les plus indulgents scolarisent les élèves les plus faibles (Baluteau, 1993). Par ailleurs, la sévérité de la notation augmente à mesure que la discipline est considérée comme importante : il n'est pas rare que les élèves réussissent mieux dans les disciplines secondaires que dans les matières principales. S'y ajoute la représentation que l'enseignant possède du statut scolaire de l'élève, de son origine sociale ou ethnique, qui influence la notation des copies. Enfin, bien que la carte scolaire impose de fréquenter l'établissement d'une zone géographique déterminée, le choix de certaines langues vivantes, leur nombre, certaines options sont des moyens qui permettent d'y échapper. Le choix des meilleurs établissements est toujours à l'avantage des élèves socialement favorisés.

Le fait que les TIC n'apparaissent pas parmi les variables à l'influence déterminante dans l'orientation scolaire a deux explications possibles. D'une part, la période couverte par les travaux auxquels nous nous référons correspond à une période de grande disparité dans les pratiques des TIC à l'école et, d'autre part, les usages des TIC sont vraisemblablement infinitésimaux à l'échelle d'une scolarité. C'est pourquoi nous avons souhaité nous y intéresser à l'occasion du programme IN-TELE.

4.3.2.2. *Des secondes « multimédias » comparées à des secondes classiques*

Parallèlement à la mise en œuvre d'IN-TELE, deux classes de secondes qualifiées de multimédias ont été ouvertes (une classe de seconde générale participant effectivement au programme et une classe de 1re année de Brevet d'Études Professionnelle – BEP) dans l'un des lycées français. Ces classes se caractérisent par l'engagement pris par l'équipe enseignante de recourir le plus possible aux outils multimédias pendant les enseignements (éditeurs HTML, éditeurs de diapositives, recherches documentaires sur l'Internet, échanges avec d'autres élèves, etc.). Nous rendons compte ici des effets de l'usage régulier de ces dispositifs sur les acquisitions disciplinaires des élèves, telles qu'elles sont restituées par les notes qu'attribuent les enseignants, et sur les décisions d'orientation prises à leur égard en fin d'année (Marquet *et al.*, 2000). Pour cela, nous comparons les notes et l'orientation proposée aux élèves par le conseil de classe à celles de deux autres classes du même établissement, encadrées par une équipe enseignante quasi-identique.

L'observation a porté sur 119 élèves répartis en 4 classes, deux classes de seconde (enseignement général) et deux classes de 1re année de BEP (enseignement professionnel). Il y a, pour chaque type de classe, une classe multimédia où, comme nous l'avons dit, les TIC sont privilégiées, et une classe traditionnelle, dans laquelle aucun effort particulier en direction des TIC n'est réalisé par les enseignants, sans que leur recours soit exclu non plus. Les élèves qui constituent ces classes n'ont délibérément pas été sélectionnés et sont donc, d'une part, comparables entre eux et, d'autre part, aux élèves des autres classes de même niveau d'autres lycées. Ainsi, nous contrôlons deux facteurs : le type de filière (générale *vs* professionnelle) et le type de démarche pédagogique (avec TIC *vs* sans TIC). Pour ce dernier facteur, il est à noter que la durée hebdomadaire d'utilisation des TIC est estimée à trois heures par les enseignants eux-mêmes.

Notre observation a consisté à relever les notes trimestrielles des élèves depuis la fin de l'année scolaire précédente (classe de 3e; juin 1998), jusqu'à la fin de l'année scolaire en cours (juin 1999). Nous avons aussi recueilli l'orientation proposée par le conseil de classe et, lorsqu'ils figuraient sur les bulletins scolaires, les vœux d'orientation émis par les élèves. Les notes retenues pour les traitements statistiques sont celles des disciplines principales communes à la classe de 3e et aux filières générale et professionnelle du lycée : mathématiques, français, histoire-géographie, première langue vivante. Nous avons aussi considéré une note globale appelée (abusivement) moyenne générale, qui est la moyenne de l'élève dans ces quatre disciplines sans appliquer de coefficient particulier.

Nous avons pratiqué une série de cinq analyses de la variance à mesure répétée pour ces quatre disciplines prises isolément et pour la moyenne générale entre juin 1998 et juin 1999. Les distributions des notes des quatre disciplines isolées et réunies ont été comparées à l'aide de la méthode du rapport des variances[3]. Cette méthode a été utilisée pour les notes de juin 1998 et de juin 1999. Enfin, les propositions d'orientation et leur adéquation aux vœux formulés par les élèves et leurs familles ont fait l'objet d'un test du χ^2.

L'hypothèse de recherche est que les performances des élèves ne sont pas significativement différentes entre les deux démarches pédagogiques. Du fait même que les enseignants interviennent dans les deux types de classes, ils compensent probablement de façon non intentionnelle les éventuels écarts. Nous nous attendons, par contre, à ce que les notes des élèves soient moins dispersées dans les classes multimédias, par rapport aux classes traditionnelles, compte tenu de la nécessité de collaborer qu'impose l'outil aux élèves pour réaliser leurs projets. En outre, nous pensons qu'ils obtiennent davantage satisfaction dans leur orientation de fin d'année en raison des relations qui se sont aussi établies entre les élèves et les enseignants, à l'occasion de la manipulation des dispositifs techniques.

Un premier ensemble de résultats remarquables, mais indépendants de l'utilisation des TIC par les élèves, consiste en l'existence d'un effet d'interaction significatif entre le facteur filière et la répétition de la mesure (juin 1998-juin 1999), et ce dans toutes les disciplines : en mathématiques (*cf.* fig. 8a : $F_{(1, 109)}=104,13$; $p<.01$) ; en français (*cf.* fig.

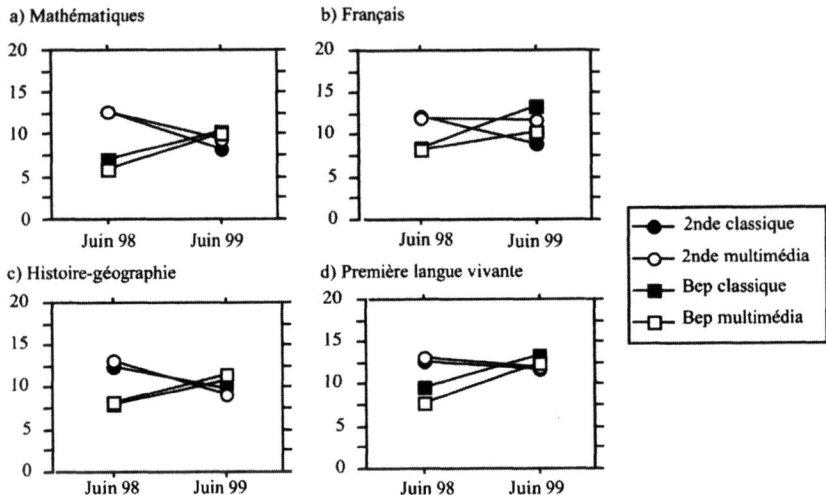

Figure 8 — Évolution des résultats scolaires au cours de l'année.

8b : $F_{(1, 112)}=83,47$; $p<.01$) ; en histoire-géographie (*cf.* fig. 8c : $F_{(1, 110)}=163,93$; $p<.01$) ; en première langue vivante (*cf.* fig. 8d : $F_{(1, 109)}=55,30$; $p<.01$). Cet effet d'interaction se reporte sur la moyenne générale ($F_{(1, 112)}=214,55$; $p<.01$).

On observe que les élèves de l'enseignement général ont des résultats qui baissent significativement et que les élèves de l'enseignement professionnel ont des résultats qui progressent significativement, indépendamment de la démarche pédagogique. Cela semble confirmer *a posteriori* le bien-fondé de l'orientation et atteste en même temps de la justesse des prédictions qu'avaient pu faire les enseignants en fin de classe de 3e. Les meilleurs élèves sont orientés vers une filière générale longue dans laquelle on attend beaucoup d'eux et où ils sont notés avec une certaine exigence. Les élèves les moins bons sont orientés vers une filière professionnelle courte dans laquelle ils sont notés avec une certaine indulgence.

<small>Un second résultat qui ressort des traitements statistiques effectués est l'absence d'effet du facteur type de démarche pédagogique. Ici, le recours plus ou moins régulier aux TIC ne modifie pas les strictes performances des élèves, ce qui valide notre première hypothèse.

Il apparaît que la dispersion des notes diminue au cours de l'année scolaire, mais sans que cette diminution soit significativement plus nette pour les classes multimédias que pour les classes traditionnelles. Dans les deux filières, la répartition des élèves autour de la moyenne générale de la classe se resserre significativement ($R_{clas.}=1,83$; $p<.01$; $R_{mult.}=2,01$; $p<.01$)[4]. Cette homogénéisation des notes provient surtout de ce que l'on observe en mathématiques ($R_{clas.}=1,62$; $p<.01$; $R_{mult.}=2,01$; $p<.01$) et histoire-géogra-</small>

phie ($R_{clas.}$=3,48; p<.01; $R_{mult.}$=1,57; p<.05). Contrairement à ce qui était attendu, les classes multimédias ont des notes qui ne sont pas moins dispersées que les classes traditionnelles, ce qui invalide notre seconde hypothèse.

Les données recueillies sur l'orientation des élèves ont permis de constituer deux catégories :
- passage en classe supérieure (1re L, S, ES et STT pour la filière générale ; 2e année pour la filière professionnelle) ;
- redoublement ou réorientation.

Le croisement de ces deux catégories avec le type de démarche pédagogique donne les résultats suivants (*cf.* tableau 9). Il est intéressant de noter que ces écarts ne sont pas significatifs et qu'il n'y a pas de différence d'orientation selon l'usage qui a été fait des TIC. Que les élèves soient issus d'une classe multimédia ou d'une classe traditionnelle, les décisions d'orientation sont sensiblement les mêmes ($\chi^2_{cor.}$=2,48 ; ns à ddl=1).

Tableau 9 — Nombres d'orientations des élèves toutes filières confondues.

Démarche pédagogique	Classe supérieure	Redoublement réorientation
Avec TIC	39	10
Sans TIC	56	5

S'agissant de l'adéquation de l'orientation aux vœux formulés par l'élève et sa famille, nous ne l'avons analysée que pour la filière enseignement général (2de), en raison de l'absence de choix à faire pour les élèves de la filière professionnelle. Nous observons que les élèves de la classe de 2de traditionnelle obtiennent tous satisfaction dans l'orientation qui leur est proposée, et que seulement 24 élèves sur 35 de la classe de 2de multimédia obtiennent satisfaction (*cf.* tableau 10). Bien que nous soyons à la limite des conditions de validité du test du χ^2, il semble que la satisfaction des élèves dépende de la classe qu'ils fréquentent ($\chi^2_{cor.}$=10,50 ; p<.05 à ddl=1). Cette tendance est inverse de celle attendue et formulée dans la dernière hypothèse.

Tableau 10 — Satisfaction des élèves de 2de par rapport au vœu exprimé.

Démarche pédagogique	Oui	Non
Avec TIC	24	11
Sans TIC	34	0

Que retenir des résultats que nous venons d'exposer? Tout d'abord, l'usage des TIC est sans incidence sur les notes des élèves. Par conséquent, il n'est pas étonnant que les dispersions des notes et les décisions d'orientation ne puissent être distinguées entre les deux types de démarches. Le fait que, ici, les éventuels effets des TIC ne soient pas mis en évidence par les procédés classiques d'évaluation soulève une double question de fond : les TIC changent-elles quelque chose en classe et les modes de contrôle des connaissances actuels permettent-ils d'appréhender ces éventuels changements?

Nous sommes tenté de répondre oui à la première partie de la question et non à la seconde. En effet, les différences de satisfaction observées pour les classes de 2de laissent penser que l'introduction des TIC dans la pratique pédagogique a transformé quelque chose. Rappelons que les élèves utilisateurs des TIC obtiennent significativement moins satisfaction dans leur orientation. Il s'agit là d'un effet indirect, d'un phénomène qui relève de la dynamique de la classe. Les élèves ont-ils été trop ambitieux ou si peu clairvoyants dans leurs vœux d'orientation? Les enseignants ont-ils été trop sévères ou plus réalistes dans leurs propositions d'orientation? Ou, plus largement, la satisfaction des élèves est-elle sous l'influence d'autres variables non contrôlées par notre procédé d'observation?

4.4. VERS UN CADRE D'ANALYSE PLUS GLOBAL : LES SITUATIONS D'ENSEIGNEMENT-APPRENTISSAGE INSTRUMENTÉES

Cet ensemble d'observations qui prennent la mesure de quelques-unes des conséquences de l'usage des réseaux permettent de passer de l'idée d'apports de l'Internet à celle d'effets plus ou moins visibles sur les situations d'enseignement-apprentissage. Toutefois, l'un des problèmes récurrents auquel nous sommes confronté est que les résultats obtenus ne sont pas conformes aux résultats attendus.

Dans le cas de la formation à l'anglais à distance, nos résultats laissent entendre que l'introduction de la visioconférence résout le problème de l'absence physique, mais provoque des modifications de l'interaction difficiles à prévoir. Outre les problèmes de définition que nous avons partiellement résolus en proposant la dichotomie matérielle/immatérielle, se posent aussi les problèmes du choix des indicateurs et surtout des valeurs que prennent les variables retenues comme indices. Si nos biais expérimentaux peuvent expliquer en partie le bruit ainsi provoqué, la nature des contrastes que nous observons suggère que les distances sont certes mesurables, mais que le spectre de leur valeur est relativement étendu.

L'incitation à l'utilisation de l'Internet au lycée n'a pas, elle non plus, produit les changements attendus, en particulier du côté des rapports enseignants-élèves et élèves-élèves : pas d'évolution des attentes en termes d'exploitation en classe, pas de transformation de la relation pédagogique, pas de changement d'attitude à l'égard des voisins européens. On peut se demander si les élèves éprouvent de véritables besoins vis-à-vis de l'introduction des TIC en classe. Nous verrons dans le chapitre suivant que les éventuels besoins dont il s'agit sont avant tout des besoins liés à leur condition d'adolescents, et moins à celle d'élèves. Sans être conservateurs, les élèves apparaissent plutôt comme des usagers passifs, au sens où ils ne font que suivre paisiblement l'institution scolaire dans ses efforts de modernisation. Lorsqu'on examine de plus près les résultats scolaires et l'orientation des élèves, on constate naturellement que les performances restituées par la notation des enseignants ne sont pas influencées par l'usage des TIC. En revanche, la satisfaction à l'égard de l'orientation semble subir un certain recul. Si on ne peut pas attribuer aux TIC une influence sur les résultats des élèves, elles semblent améliorer l'idée que les élèves et leurs familles se font d'eux-mêmes, idée que les enseignants ne partagent pas, puisqu'ils rétablissent les choses en pratiquant une orientation équivalente avec ou sans TIC.

Est-il raisonnable de continuer à parler de distances pour désigner les caractéristiques de situations de formations médiatisées, lorsque ces distances ne sont pas communément admises ou définies, lorsque les valeurs qu'elles prennent varient autant d'une étude à l'autre, rendant leurs effets divergents et peu prévisibles ? Faut-il encore attendre des transformations des pratiques pédagogiques ou des modifications relationnelles lorsque les élèves ne semblent pas farouchement demandeurs et lorsque la régulation des ambitions des élèves s'opère au détriment de la satisfaction ?

Afin de dépasser ces difficultés, nous envisagerons désormais les situations pédagogiques dans lesquelles interviennent des systèmes techniques en tant que *situations d'enseignement-apprentissage instrumentées* en nous inspirant de Rabardel (1995), et plus largement de la théorie de l'activité (Linard, 2002). Le fait de ne considérer ces situations que comme technicisées (*cf.* chapitre 3) ou bien que comme des situations médiatisées ne suffit pas à rendre compte de l'apparente disparité de nos résultats. Cette disparité se trouve en partie expliquée par le recours à la

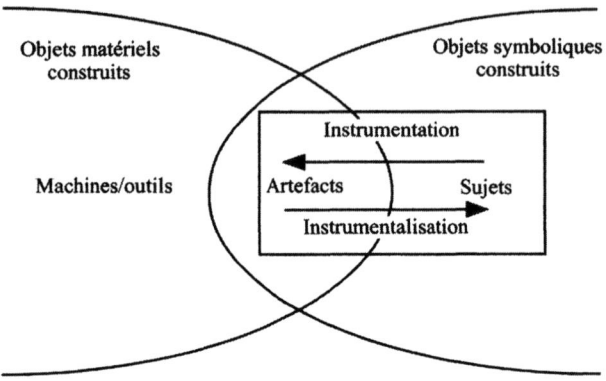

Figure 9 — Instrument et genèse instrumentale.

notion d'instrument que nous appliquons aux situations d'enseignement-apprentissage.

Rabardel (1995) décrit les rapports entre un sujet et un système technique dans une perspective néo-piagétienne (*cf.* fig. 9). Il utilise le terme d'artefact* pour désigner les systèmes techniques, sous l'argument que ces dispositifs construits partagent de nombreuses caractéristiques avec d'autres constructions de nature intellectuelle. Il englobe ainsi, avec la même notion d'artefact, des objets matériels et des objets symboliques. Il introduit ensuite la notion d'instrument, comme une entité relevant à la fois du sujet et de l'artefact.

Vu sous cet angle, un instrument associe un artefact, qu'il soit matériel ou symbolique, et les opérations motrices et intellectuelles développées par le sujet. La genèse de ces opérations relève de deux processus : un processus d'instrumentalisation* qui rend compte de l'attribution de fonctions à l'artefact par le sujet en prolongement de ses fonctions initialement prévues ; un processus d'instrumentation* qui rend compte de la construction d'habiletés par le sujet par adaptation, recomposition à partir d'anciennes et création de nouvelles. Nous représentons le processus d'instrumentalisation par une flèche de l'artefact vers le sujet, pour signifier que c'est l'artefact qui s'impose au sujet comme pouvant servir à telle ou telle chose. À l'inverse, l'instrumentation est représentée par une flèche du sujet vers l'artefact pour suggérer que c'est en agissant sur l'artefact que le sujet construit les habiletés associées à l'artefact.

Nous proposons d'étendre cette notion d'instrument aux situations d'enseignement-apprentissage. Nous nommons donc *situations d'ensei-*

gnement-apprentissage instrumentées les situations pédagogiques dans lesquelles interviennent des artefacts (matériels ou symboliques) de même que les opérations motrices et intellectuelles mobilisées par les sujets à des fins d'exploitation de ces artefacts.

À ce titre, il n'y a sans doute pas de situation d'enseignement-apprentissage non instrumentée, mais la redondance nous est utile pour signifier que nous nous intéressons aux phénomènes consécutifs au recours aux artefacts. Or, les situations d'enseignement-apprentissage que nous avons observées jusqu'à maintenant ont ceci de particulier que des instruments à utiliser (artefacts matériels et les habiletés associées) cohabitent avec des instruments à apprendre (artefacts symboliques et les habiletés associées). Il faut y ajouter des instruments pour apprendre (artefacts verbaux et figuratifs et leurs habiletés associées). Bien que simplificatrice, cette manière de considérer les choses indique que, d'une part, les instruments sont de plusieurs types, qui pour revenir au vocabulaire courant correspondent au langage, aux objets disciplinaires et aux machines et que, d'autre part, ils peuvent interférer de multiples façons. Il va sans dire que le niveau d'élaboration de chacun de ces instruments chez le sujet qui les manipule détermine le bénéfice qu'il peut tirer de toute entreprise d'enseignement scolaire ou de formation professionnelle.

Ainsi, notre tentative de mesure des déclinaisons de la distance en EAD dans le cas de l'enseignement-apprentissage de l'anglais s'apparente davantage à l'observation des interférences entre l'instrumentalisation des deux artefacts en présence, la langue anglaise et le système de visioconférence, qu'à l'appréhension de la compensation ou non de la distance par la technique. En tant que marqueurs de phénomènes d'interférence, ces distances deviennent naturellement sujettes à une variabilité plus importante, car plus dépendante du contexte particulier : l'apprenant, ses connaissances sur la langue et son expérience du dispositif, le formateur, son scénario pédagogique et son exploitation du dispositif. Si mesurer des distances et leur trouver des valeurs différentes de travaux antérieurs pouvait être décevant en décrivant la situation comme médiatisée, ces mêmes différences deviennent informantes si l'on considère que la situation est instrumentée, que les distances matérielles relèvent de l'instrument matériel et les distances immatérielles relèvent de l'instrument symbolique.

De même, l'évolution peu contrastée des attitudes et des performances scolaires des élèves impliqués dans le programme IN-TELE nous éclaire davantage sur l'instrumentation de l'Internet par la communauté scolaire que sur ses éventuels apports pédagogiques. L'adaptation des procédés pédagogiques courants à ces nouveaux artefacts transparaissent aussi, mais indirectement, à travers les réponses, les notes et les décisions d'orientation que nous avons recueillies.

Il ne s'agit pas naturellement de tout expliquer *a posteriori* avec un modèle qui n'avait pas été envisagé au début des observations, mais de montrer l'intérêt de l'approche de Rabardel à laquelle nous allons nous référer explicitement.

NOTES

[1] Il manque à cette brève liste tout ce qui a trait à l'industrie de la connaissance et à son économie, que nous laissons de nouveau de côté.
[2] Version business video conferencing.
[3] Ce test permet de vérifier l'homogénéité des variances entre deux groupes, en calculant le rapport de la plus grande sur la plus petite, de sorte qu'il soit supérieur à 1. Le rapport est ensuite comparé aux valeurs données dans la table du F de Snédécor (Langouet & Porlier, 1998).
[4] Par commodité de notation, nous appelons R le rapport de la plus grande variance sur la plus petite. $R_{clas.}$: rapport pour les secondes classiques ; $R_{mult.}$: rapport pour les secondes multimédias.

Chapitre 5
Éléments de la genèse instrumentale des artefacts pédagogiques numériques selon une approche instrumentée

Dès lors que l'on considère les situations d'enseignement-apprentissage comme étant instrumentées, l'unité d'analyse de ces situations n'est ni le média comme nous l'avons fait dans le chapitre 4, ni le système technique comme nous l'avons vu au chapitre 3, mais l'instrument, dans sa double dimension d'artefact et des opérations qui lui sont associées. Cette bipolarité de l'instrument nous impose de nous intéresser à l'instrumentalisation de l'artefact et à l'instrumentation des opérations, deux phénomènes intimement liés et réunis dans la notion de genèse instrumentale.

Si nous avons pu saisir *a posteriori* quelques traces probables des phénomènes de genèse instrumentale de l'Internet en contexte pédagogique, les dispositifs actuels comme les cartables numériques offrent d'étudier ces phénomènes de plus près en raison du projet de numérisation de l'information qu'ils portent en eux. Il paraît assez raisonnable de penser que cette numérisation potentielle, souhaitée par les concepteurs de ces dispositifs, et souhaitable par les autorités scolaires qui soutiennent leur implantation, se heurtent aux aléas de l'attribution de fonctions et aux difficultés de construction d'habiletés par leurs utilisateurs. C'est précisément ce type d'obstacles que nous mettons au jour dans ce chapitre, avec deux études qui nous permettent d'aborder les usages dominants de l'Internet, tant en milieu scolaire qu'au domicile des élèves.

Dans un premier temps, nous étudions les conséquences du déploiement d'un cartable numérique* (Marquet & Dinet, 2004). Nous croisons des observations didactiques auprès des enseignants et des réponses à des questionnaires adressés à des élèves et à leurs parents. Nous établissons que les enseignants profitent du cartable numérique pour renforcer leur position magistrale en classe. À leur domicile, les élèves utilisent l'ordinateur portable qui leur est confié essentiellement pour de la consultation d'informations sur l'Internet, dont l'intérêt pour apprendre leur paraît limité. Pour les parents, le cartable numérique constitue un poste informatique supplémentaire. Loin d'illustrer la richesse potentielle du dispositif, ces usages attestent d'abord de l'influence de l'instrumentalisation des artefacts par les enseignants sur celle des élèves.

Dans une seconde partie, nous approfondissons la question de l'intérêt documentaire que les lycéens portent au Web (Dinet *et al.*, 2003). Nous envisageons cet intérêt sous l'angle de la période de la vie dans laquelle ils se trouvent, l'adolescence, par le fait même que l'Internet s'offre comme un territoire d'expériences personnelles. Toutefois, pour rester dans un contexte scolaire, nous nous intéressons à l'influence des caractéristiques individuelles que sont l'expérience d'utilisation du Web et la filière scolaire. Les sujets ont répondu à un questionnaire auto-administré sur la perception de la nature des informations trouvées sur le Web, les stratégies d'accès aux sites Web les intéressant et la fiabilité accordée aux différentes ressources d'informations (bibliothèques, télévision, Web, etc.). Les résultats suggèrent que les adolescents les plus expérimentés vis-à-vis du Web sont plus critiques, moins confiants et moins enthousiastes que les adolescents les moins expérimentés et que, selon les domaines, la perception des élèves littéraires est différente de celle des élèves scientifiques.

5.1. QUELQUES ÉLÉMENTS DE LA GENÈSE INSTRUMENTALE DES CARTABLES NUMÉRIQUES

Par rapport à la distinction initiale entre informatique-outil et informatique-objet que nous mentionnions au début de cet ouvrage, les cartables numériques présentent la propriété d'être à la fois un outil et un objet d'apprentissage. Ce qui pourrait paraître original pour un dispositif informatique le devient beaucoup moins pour un instrument pédagogique, puisque le langage, l'écriture, et de nombreux autres formalismes ont ce double statut lorsqu'on les appréhende dans un contexte d'appropriation par des sujets.

5.1.1. Le cartable numérique étudié

Les cartables numériques constituent à la fois l'une des dernières évolutions des TIC en cours d'implantation dans les établissements scolaires et une forme d'EIAH qui implique tous les membres d'une communauté scolaire. S'ils bénéficient aujourd'hui d'un certain intérêt, cet intérêt reste relativement récent au regard de l'histoire de l'intégration des TIC à l'école et des précédentes tentatives. On se souvient notamment du projet inabouti d'Apple Computer Inc. qui, en 1986, avait proposé au Ministère de tester un nouvel outil déjà qualifié de cartable électronique. Longtemps en veille, ce type d'application revient aujourd'hui au premier plan : ce ne sont pas moins d'une quinzaine d'implantations qui sont recensées par le Ministère de l'Éducation Nationale[1] sur le seul territoire français.

Ces déploiements portent sur des dispositifs matériels et logiciels aux multiples dénominations : bureau nomade, cartable électronique, cartable virtuel, e-cartable, i-manuel. La nouveauté de ces environnements informatiques fait que des environnements différents sont parfois désignés par le même mot ou que des applications très proches portent des noms différents. C'est pourquoi nous leur attribuons, ici, le terme générique de cartable numérique.

Le dispositif auquel nous nous intéressons est la plate-forme ESV[2] (Établissement Scolaire Virtuel) mise au point par ULP Multimédia et développée par IMexpert, qui a bénéficié d'un large soutien auprès de multiples partenaires[3]. Les informations nécessaires à la conduite de la classe y sont mises à la disposition des différents membres de la communauté scolaire par l'intermédiaire d'un système gestionnaire de base de données en réseau (intranet* et extranet), exploitable dans l'établissement et aux domiciles des élèves et des enseignants. Un équipement en micro-ordinateur portable et une connexion gratuite à l'Internet complètent pour chaque famille le dispositif. Quatre modules sont accessibles selon le type d'utilisateur :

– Le cartable de l'enseignant : grâce à lui, l'enseignant peut gérer les phases pré-actives, actives et post-actives de ses enseignements. Il peut notamment préparer ses cours, échanger des contenus avec des collègues, piloter le travail des élèves, communiquer avec les parents et gérer son emploi du temps.

– Le cartable de l'élève : grâce à lui, l'élève peut revoir ce qui a été fait en cours, suivre les cours s'il a été absent, travailler avec des camarades et avoir accès à des logiciels et à des ressources.

– Le module du centre documentaire : l'enseignant et l'élève ont accès à des ressources sélectionnées par des enseignants, des éditeurs ou le documentaliste.

– Le module de l'administration et de la vie scolaire, lequel comprend plusieurs éléments : un cahier d'appel, qui permet à l'enseignant de signaler rapidement l'absence d'un élève ; l'emploi du temps de l'élève et de l'enseignant réactualisé au moindre changement ; le carnet de notes dans lequel l'enseignant saisit les notes et les appréciations qui sont ensuite transmises à l'administration; le carnet de liaison de l'élève, moyen de communication entre l'enseignant et les parents.

Dans un tel environnement, les enseignants (disciplinaires ou documentalistes) peuvent stocker des ressources pédagogiques numériques, les modifier, les mettre à disposition des élèves ou de collègues et les affecter à des séquences particulières. Les ressources peuvent provenir de sites Web ou être propres à l'enseignant. Elles peuvent être de différents formats et multimodales (sons, textes, vidéos, etc.). Contrairement à ce que les élèves peuvent généralement trouver sur l'Internet, les ressources mises à leur disposition bénéficient d'une « validité » pédagogique et répondent à des objectifs préalablement définis par les enseignants. Elles peuvent en outre être utilisées de manière individuelle (par l'élève, seul, chez lui) ou de manière collective (en classe avec un vidéoprojecteur et un tableau interactif).

En complément, certaines fonctionnalités permettent l'échange d'informations et de données entre les différents utilisateurs : le tableau d'affichage informe les élèves et les enseignants de la vie de l'établissement (l'absence d'un enseignant ou un changement de salle peuvent être signalés rapidement); des notes d'information brèves peuvent être échangées entre enseignants, entre classes ou avec l'administration; chaque utilisateur (élève, enseignant, personnel administratif, parents) dispose d'une boîte aux lettres électronique permettant les échanges à l'intérieur et/ou à l'extérieur de l'établissement; enfin, un « pageur » permet d'envoyer de brefs messages.

5.1.2. Des observations antérieures peu rigoureuses

Peu nombreuses au début des années quatre-vingt-dix, les études relatives aux cartables numériques se multiplient depuis la connexion généralisée à l'Internet des établissements scolaires, entamée en 1997. On trouve notamment dans un rapport récent de la Fédération Internet Nouvelle Génération (FING) (Kaplan, 2002) un inventaire des dispositifs actuellement opérationnels.

Lorsque l'on regarde ce qui existe, il ressort que les déploiements ont souvent fait l'objet d'efforts d'accompagnement par des groupes de pilotage ou de réflexion qui ont pu produire ici ou là des documents de synthèse. Toutefois, lorsqu'ils font état d'une évaluation, elle est généralement effectuée *a posteriori*. Les auteurs sont alors contraints d'interpréter leurs observations sans avoir posé d'hypothèses, ni de cadre théorique au préalable. Les études détaillent rarement la méthodologie utilisée et les caractéristiques de l'environnement scolaire où elles ont eu lieu, ce qui empêche toute extrapolation des résultats. Les objectifs poursuivis sont souvent multiples et apparaissent souvent trop ambitieux et peu réalistes (développer la communication des élèves, générer de nouvelles pratiques pédagogiques). Ces travaux permettront sans doute de formuler par la suite des hypothèses plus précises, mais leur diffusion se fait à ce jour encore en dehors des circuits scientifiques classiques. C'est l'une des raisons qui font qu'il est difficile de se faire une idée exacte de ce qui se met en place.

À titre d'exemple, en 1991, deux lycées (académie de Marseille et de Strasbourg) et un collège (académie de Poitiers) équipent d'ordinateurs portables chaque élève et chaque enseignant de trois classes. Intitulée «cartable électronique», l'expérience a duré quatre années et l'une des conclusions des auteurs est que l'introduction de l'ordinateur personnel en milieu scolaire est d'autant plus bénéfique qu'un scénario pédagogique a été mis en place (Tardy, 1992).

Plus près de nous, le projet «de la maison au collège» (académie de Poitiers) dote chaque élève d'une classe de 3e et leurs enseignants d'un ordinateur multimédia fixe et d'une connexion à l'Internet depuis leur domicile au cours des années 1998-99 et 99-2000. Bien que fondée sur une démarche longitudinale, l'évaluation[4] réalisée par les membres de l'équipe pédagogique impliquée dans le projet semble davantage destinée à pérenniser le projet qu'à soulever les questions pédagogiques posées par la connexion des élèves à leur établissement. Depuis la même année, un autre lycée (académie de Toulouse), qui se présente comme le premier lycée communicant de France, donne accès à chacun de ses élèves à un «cartable numérique». Il s'agit d'un environnement de travail personnel qui permet de porter les apprentissages scolaires et l'enseignement hors des murs de l'établissement. La volonté de donner à l'espace scolaire sa véritable dimension devient ici l'enjeu que la technique est susceptible de satisfaire.

L'année 2001-02 a vu de nombreux dispositifs se mettre en place. Tout d'abord, le projet «sac à puces» (académie de Poitiers) a consisté à équiper une salle d'un réseau de 20 micro-ordinateurs. Une démarche expérimentale (classe expérimentale *vs* classe témoin) associée à une approche longitudinale caractérise l'observation. Un autre projet «cartable électronique» a concerné une classe d'élèves de 6e (académie de Lyon). Élèves et enseignants ont reçu un ordinateur portable destiné essentiellement à une utilisation dans leur foyer. Outre les logiciels courants et une connexion à l'Internet, des parties de manuels, des dictionnaires et des encyclopédies sont également installés. L'évaluation initialement souhaitée est en cours. Le projet «Cartable numérique en Picardie» (académie d'Amiens) combine les caractéristiques des deux précédents projets. Les élèves de deux classes de Terminale professionnelle et leurs enseignants ont reçu un ordinateur portable dans lequel se trouvent des dictionnaires, des encyclopédies et des parties de manuels. De plus, des salles ont été spécialement équipées en matériel multimédia et en connexion à l'Internet. Un autre projet dans la même académie mais en collège se focalise sur les usages disciplinaires dans une classe de troisième. Une enseignante est suivie pendant plusieurs séances de janvier à juin (Romby, 2003). Le projet expérimental, baptisé «Arianedijon» (académie de Dijon), s'apparente à un cartable numérique : chaque élève dispose d'un ordinateur portable complété par une clé-USB permettant d'effectuer les transferts de fichiers de l'établissement au domicile. Les principaux objectifs affichés[5] s'apparentent aux fonctionnalités du dispositif et non à des évolutions souhaitables des situations pédagogiques. On retrouve encore cette ambiguïté avec le «cartable électronique™» de l'Université de Savoie, qui est lui aussi implanté dans trois collèges depuis la même date.

Ce rapide tour d'horizon des implantations atteste du dynamisme des sites pilotes et augure de questions scientifiques intéressantes qui ne manqueront pas de se poser. Nous retiendrons pour le moment que les observations qui sont menées s'appuient tantôt sur un suivi longitudinal des élèves, tantôt sur la comparaison à un groupe contrôle. Deux précautions méthodologiques que nous reprendrons et dont nous détaillons la mise en œuvre plus loin.

5.1.3. Les conditions d'observation et de mise en œuvre de l'ESV

L'ESV a été mis à disposition d'une classe de seconde générale d'un lycée du Bas-Rhin au cours de l'année scolaire 2001-02. Enseignants et élèves se sont vus dotés d'un micro-ordinateur portable et d'une connexion à l'Internet gratuite depuis leur domicile. Les enseignants ont bénéficié d'une formation légère aux différentes fonctionnalités de l'application. Une salle de classe de l'établissement a en outre été équipée d'un vidéoprojecteur et d'un tableau interactif. C'est naturellement dans cette salle qu'ont eu lieu les cours de la classe pilote.

5.1.3.1. Cadrages théoriques

Nous nous intéressons aux traces des processus d'instrumentalisation et d'instrumentation tels que nous avons commencé à les entrevoir dans le chapitre précédent, mais aussi et surtout tels qu'ils s'opèrent chez les différents usagers de l'ESV : les enseignants, les élèves, leurs parents. Dans cette perspective, les usages catachrétiques* des artefacts, c'est-à-dire les détournements qu'en font les usagers, constituent à la fois des affordances* non perçues, mais aussi de précieux indices de la genèse* instrumentale en cours. La mise au jour de ces usages inattendus, dus à l'absence de perception des propriétés du dispositif, nécessite toutefois de les référer aux modes de fonctionnement de chacun des protagonistes de la communauté scolaire. C'est ce que nous allons faire, en évoquant brièvement, la pensée enseignante, l'appropriation de l'Internet par les adolescents, les rapports famille/école.

Une séquence pédagogique conduite par un enseignant peut être décomposée en épisodes, chacun des épisodes correspondant à une action de base spécifique, distincte des autres épisodes (Shulman, 1986). Bien que l'ESV ait été conçu dans le but de modifier le moins possible les routines professionnelles des enseignants, il est probable que les contraintes qu'il impose dans les phases pré-actives constituent un obstacle à son utilisation. Le décalage entre les plans d'action «naturels» et disponibles et ceux que nécessite de (re)construire l'ESV se répercute en partie dans l'exploitation réelle que les enseignants en font. Nous nous attendons à ce que l'ESV nécessite de la part des enseignants un remaniement de l'ordonnancement des épisodes de leurs interventions ou, à défaut, à ce que l'ESV entraîne un appauvrissement de la palette des épisodes couramment mis en œuvre. En effet, faute de pouvoir adapter son plan d'action pédagogique au dispositif, l'enseignant peut aussi supprimer des actions de base qu'il ne sait pas implémenter.

Pour l'élève, l'introduction d'un micro-ordinateur et de facilités de connexion à l'Internet «offerts» par l'école se présentent sans doute comme une chance de rétablir le flux de la culture technique de l'école vers la maison, contrairement au sens qu'il avait pris depuis la décentralisation des efforts d'équipement au début des années quatre-vingt-dix. De ce fait, l'utilisation attendue de l'ESV par les élèves est bien celle qui consiste à consulter le cahier de texte de la classe pour s'assurer que les travaux à remettre sont bien ceux qu'ils ont notés, à télécharger les ressources complémentaires indiquées par les enseignants, à collaborer avec des camarades *via* la messagerie lors de travaux de groupes, à solliciter l'enseignant en cas de difficulté, etc. Si la mise à disposition au domicile des élèves d'un micro-ordinateur portable et d'une connexion à l'Internet gratuite correspond aux conditions nécessaires à cette utilisation scolaire, elle n'en offre pas moins la possibilité de profiter des autres sollicitations de l'Internet, telles qu'elles ont été décrites par Pons *et al.* (1999) et considérées ici comme des usages catachrétiques.

Lorsque l'on s'intéresse aux parents, la dimension technique de l'ESV s'efface rapidement au profit du rapport que les familles entretiennent avec le lycée. Si le collège marque déjà un changement radical dans le rapport des familles à l'école, comme le soulignent Boyer et Delclaux (1995), dans le sens d'une certaine distance, à la fois des enseignants (les parents ont dès lors affaire à une équipe pédagogique hétérogène, et non à un seul enseignant) et de l'administration (le directeur d'école n'est plus leur seul interlocuteur), le passage au lycée se traduit par des réaménagements des rapports entre parents et enfants. En effet, l'entrée en seconde marque à la fois une étape dans l'histoire subjective (moment de l'adolescence) et scolaire (choix décisifs d'orientation). Les entretiens qu'ont menés Cohen et Hugon (1996) auprès d'élèves de seconde confirment que l'année de seconde est bien une période de réaménagement important des relations dans le triangle famille/élève/école.

Les familles, déjà peu présentes au collège, semblent totalement hors-jeu au lycée. Elles sont absentes physiquement de la vie institutionnelle et de la relation pédagogique. Au cours de l'année, les seules communications avec les familles sont le bulletin, les billets d'absence parfois signés par les élèves et la feuille d'orientation. Pour les adolescents, dans l'organisation domestique, ce passage marque un moment de renégociation de leur place et de leur statut au sein de la famille : «Passer en seconde signifie s'affranchir des contrôles tatillons du collège et prendre du champ vis-à-vis des surveillances familiales. C'est donc accéder à des libertés nouvelles» (Cohen & Hugon, 1996; p. 40). Des réaménagements s'opèrent également sur le plan de la socialisation scolaire (changement d'institution, nouvelles règles de vie collective, rencontres), des apprentissages (nouvelles matières, nouveaux exercices, nouvelles exigences), et des formes et modes de sociabilité.

À côté de ces éléments de nouveauté, un certain nombre d'influences demeurent, dont la principale est le système de valeurs des parents qui renvoie à l'importance accordée aux études et aux aspirations scolaires et professionnelles que les parents peuvent entretenir à l'égard de leurs enfants. En effet, contrairement à ce que pensent certains enseignants, les parents investissent beaucoup dans la vie scolaire des enfants. Cette mobilisation des familles se traduit par leur implication dans les travaux scolaires, les devoirs et la préparation des examens, les multiples conversations familiales articulées autour de la vie scolaire, et la participation aux réunions de parents. Montandon et Perrenoud (1994) dégagent trois types de rapports des parents à l'école :

– La délégation, pour une majorité de parents (57 %) : les parents estiment avoir peu de place dans la mission éducative de l'école, ils ne s'y engagent dès lors que peu ou pas du tout. Ici, chacun doit rester à sa place.

– La contribution, qui touche 35 % des parents : ces derniers participent, mais seulement à la demande de l'enseignant.

– La coopération : il s'agit de parents (les 8 % restant) qui réclament une place élargie au sein de l'école et qui sont prêts à s'impliquer dans cette tâche.

Toutes ces considérations sont particulièrement intéressantes lorsque l'on cherche à examiner les effets de l'introduction d'un dispositif technique qui prolonge matériellement l'univers scolaire dans l'espace privé. Là aussi, c'est à travers un questionnaire que nous avons tenté d'appréhender ces différentes dimensions de la place que tient l'école au sein des familles.

5.1.3.2. L'observation des enseignants

Trois enseignants, utilisateurs réguliers de l'application, ont été observés à l'occasion de quelques zooms didactiques, selon le principe d'une comparaison de séances conduites avec l'ESV et sans l'ESV dans des conditions strictement contrôlées. Un total de six séances ont été filmées avec deux caméras fixes, la première en direction des élèves, la seconde en direction des supports d'information (tableau informatique, enseignant). Un observateur présent lors de la conduite des séances a en outre relevé le déroulement de la séance ainsi que les modalités de communication à l'aide d'une grille d'observation inspirée de Goldman *et al.* (1999). Dix types de données ont été pris en compte, après visionnage des bandes vidéo et confirmation des premiers relevés :

– *l'épisode* : épisode de correction d'exercices, épisode de lecture collective, etc. ;

– *le temps relatif* : ce temps relatif permet d'appréhender le temps consacré à chaque épisode de la séance ;

– *la tâche* : pour chaque épisode identifié, sont relevées toutes les tâches ;

– *l'artefact* : dans cette catégorie, sont notés les différents outils utilisés ;

– *le matériel* : pour chaque épisode sont notés les matériels que l'enseignant utilise ou fait utiliser (textuel, iconographique, vidéographique, etc.);

– *la fonction du matériel* : un même matériel peut avoir des fonctions différentes, selon les objectifs poursuivis et/ou le contexte;

– *la fonction de l'enseignant* : informateur, animateur, évaluateur, selon la tâche (Dargirolle, 1999);

– *le type de communication* : par paire, par groupe (Bérard, 1991);

– *la langue utilisée* : ce type de donnée intéresse spécifiquement l'enseignement des langues : français, langue cible (étrangère);

– *les indices* : dans cette catégorie, sont reportés les indices para, extra-verbaux et/ou environnementaux qui peuvent être utiles pour comprendre le déroulement d'un épisode ou un événement.

5.1.3.3. L'observation des élèves

Afin de faire la part entre les usages attendus et les usages catachrétiques d'un point de vue pédagogique, nous avons choisi de prendre la mesure de leur évolution au moyen de deux enquêtes par questionnaires inspirés de Suckfüll *et al.* (1999) et de Pons *et al.* (1999). Dans le but de contrôler convenablement les éventuels effets de l'introduction de l'ESV, nous avons interrogé les élèves de trois autres classes de 2de et de 1re. Nous disposons ainsi d'un plan factoriel à trois facteurs (*cf.* tableau 11) :

– TIC : utilisation fréquente et intensive des TIC, à deux modalités : oui, non;

– projet : implication de l'équipe pédagogique dans un projet identifié et préalablement défini, à deux modalités : oui, non;

– moment : moment auquel les données ont été recueillies, à deux modalités : début et fin de l'année scolaire.

Tableau 11 — Plan d'observation de l'ESV.

Utilisation des TIC	Implication dans un projet	
	Oui	Non
Oui	2de 4	2de 5
Non	1re L	2de 6

Les questionnaires ont été administrés auprès de 114 élèves pendant l'horaire scolaire, une première fois en début d'année avant le début de l'expérience et une seconde fois en fin d'année scolaire, le tout en présence d'un chercheur. Ils comptent une centaine de questions organisées en plusieurs échelles d'attitude de type Lickert couvrant les dimensions suivantes :

– les élèves et les TIC,

– les élèves et l'Internet,

– les élèves et la messagerie,

– les élèves et leur entourage.

Les réponses aux questions et les scores calculés aux différentes échelles d'attitude ont fait l'objet d'un traitement statistique au moyen de l'analyse de la variance à mesure répétée selon le plan présenté ci-dessus. Nous ne nous intéresserons plus bas qu'aux effets d'interaction, qu'ils soient significatifs ou non.

5.1.3.4. L'observation des parents

ESV ou non, l'attente explicite des enseignants reste que les parents veillent à ce que les élèves fassent le travail qui leur est demandé à la maison. Il est aussi attendu implicitement que les parents fournissent toute l'aide nécessaire à la réalisation de ce travail (Van Zanten, 2001). Cette tâche d'accompagnement que ne peuvent assurer toutes les familles joue d'ailleurs un rôle discriminant dans les scolarités et les réussites scolaires des élèves (Glasman, 2001).

Deux enquêtes par questionnaires auto-administrés placées aux mêmes moments que celles des élèves mesurent l'évolution des usages de l'Internet et de l'implication des parents dans le suivi scolaire de leur enfant notamment à travers :

– les usages professionnels des ordinateurs et de l'Internet,

– les usages domestiques des ordinateurs et de l'Internet,

– les pratiques de documentation,

– les attentes vis-à-vis de l'ESV (pour les parents de la classe pilote seulement).

Les réponses aux questions fermées ont été traitées au moyen du test du χ^2 et les scores calculés aux différentes échelles d'attitude au moyen de l'analyse de la variance à mesure répétée. Nous nous intéressons aux éventuels effets de la présence ou de l'absence d'un micro-ordinateur et d'une connexion à l'Internet en provenance de l'école au domicile (ESV *vs* non ESV) et aux effets du genre (mère *vs* père).

5.1.4. Résultats

5.1.4.1. La genèse instrumentale par les enseignants

Dans les trois disciplines concernées (mathématiques, langue vivante et français), la communication orale reste primordiale et ses modalités semblent être peu influencées par l'utilisation du dispositif. Les supports traditionnellement utilisés le sont toujours en même temps que le dispositif, si bien que le recours à l'ESV ne se fait pas au détriment des autres auxiliaires pédagogiques.

L'enseignant de mathématiques modifie l'ordonnancement des épisodes à l'intérieur de sa séance. En effet, la possibilité offerte par le dispositif de projeter des constructions géométriques complexes lui permet de montrer des constructions au début des épisodes de présentation. Lorsque le dispositif n'est pas utilisé, ces mêmes constructions sont progressivement élaborées par l'enseignant au tableau noir. En langue vivante, l'enseignante substitue à un épisode un autre que le dispositif lui permet d'introduire. La séance débute normalement par un «brainstorming», qui disparaît lorsque le dispositif lui permet d'utiliser des documents prélevés sur le Web qui illustrent les notions abordées lors du cours. Enfin, en français, l'enseignante ajoute un épisode que le système offre d'insérer : la séance débute par la projection de documents disponibles sur le Web, qui de surcroît n'existent qu'en ligne.

Indépendamment de la nature contrastée de ces remaniements, les enseignants semblent modifier leurs plans d'actions pédagogiques davantage pour exploiter les fonctionnalités illustratives de l'ESV que pour se soumettre à des contraintes que le système imposerait. Ce faisant, l'ESV a été exclusivement utilisé pour la planification des cours (phases pré-actives) et lors des cours (phases actives) et n'a jamais été utilisé ni pour l'échange d'informations et/ou de ressources entre collègues et entre enseignants et élèves, ni pour les phases post-actives. Cette première instrumentalisation de l'ESV n'est pas sans rappeler le sort qu'a connu et que connaît encore le rétroprojecteur (Cuban, 1993) qui, au départ, devait surtout permettre d'écrire au tableau en restant face aux élèves. Aujourd'hui, il est surtout destiné à la projection de transparents tout prêts, lorsqu'on ne lui substitue pas un diaporama numérique préétabli. De ce point de vue, il n'est pas étonnant que les routines professionnelles qui mettent en valeur la position magistrale de l'enseignant soient les premières à être instrumentées. La question est de savoir si cette exploitation du dispositif est provisoire ou durable.

5.1.4.2. La genèse instrumentale par les élèves

Au sujet des usages, le fait d'avoir un ordinateur connecté à l'Internet à son domicile et de disposer de l'ESV (2de 4) entraînent une plus faible augmentation de la crainte d'utiliser un micro-ordinateur au cours de l'année (cf. fig. 10a : $F_{(1, 100)}$=5,94; p<.05). Chez ces mêmes élèves, on observe aussi une importante augmentation des consultations des sites Web d'informations depuis le domicile (cf. fig. 10b : $F_{(1, 100)}$=6,01; p<.05). La consultation de sites Web de loisirs à partir de la maison, quant à elle, demeure stable ($F_{(1, 100)}$=0,39; ns). Les comportements de navigation déclarés ne semblent pas évoluer significativement : naviguer au hasard ($F_{(1, 98)}$=0,13; ns), noter des adresses intéressantes ($F_{(1, 98)}$=2,66; ns), recourir à la fonction favori ($F_{(1, 98)}$=0,60; ns), lire la totalité des pages ($F_{(1, 98)}$=0,43; ns), échanger des adresses ($F_{(1, 98)}$=0,09; ns). De même, la messagerie électronique fait l'objet d'une utilisation relativement homogène entre toutes les classes au fil de l'année : les émissions de méls sont stables ($F_{(1, 98)}$=0,03; ns), ainsi que les motifs ($F_{(1, 98)}$=0,12; ns) et la diversité des destinataires ($F_{(1, 98)}$=0,78; ns).

Du côté du rapport à l'information disponible sur l'Internet, les élèves utilisateurs de l'ESV sont encore ceux pour qui l'intérêt pédagogique de l'Internet augmente le moins

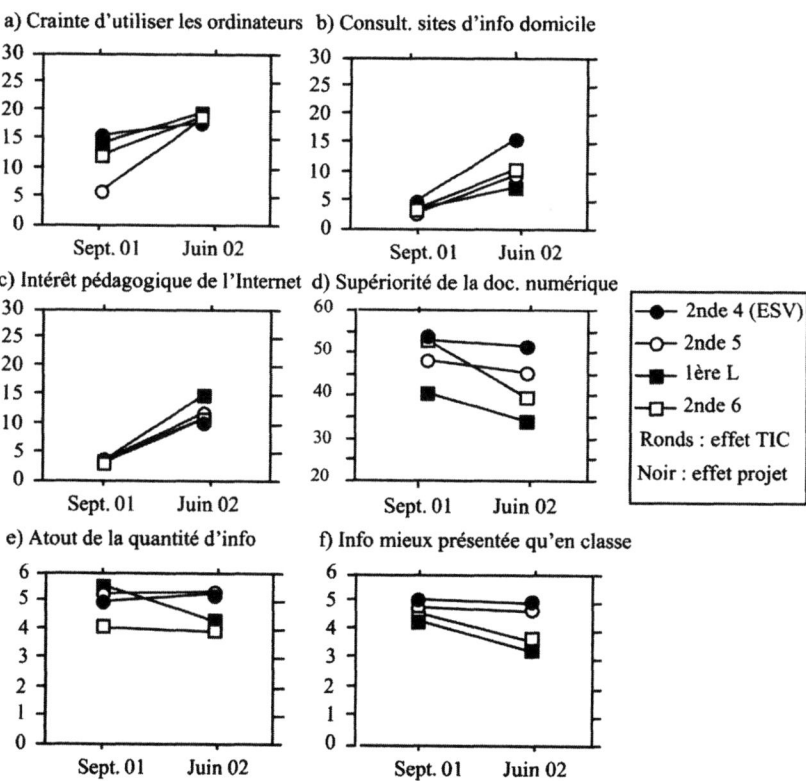

Figure 10 — Évolution des usages de l'ESV.

au cours de l'année (cf. fig. 10c : $F_{(1, 100)}=7,33$; p<.01). En même temps, le facteur utilisation des TIC influence la perception que les élèves (2de 4 et 2de 5 confondues) ont de la supériorité de la documentation électronique par rapport à la documentation classique. Ils accordent plus de valeur aux supports documentaires numériques que papier (cf. fig. 10d : $F_{(1, 100)}=5,39$; p<.05), notamment parce qu'ils considèrent que la quantité d'information est un atout (cf. fig. 10e : $F_{(1, 96)}=3,65$; p<.05) et que la présentation de l'information est meilleure que ce qui leur est donné en classe (cf. fig. 10f : $F_{(1, 95)}=4,65$; p<.05).

L'ESV semble faire l'objet d'une instrumentalisation d'abord informative. Il ressort en effet que les informations disponibles sur l'Internet sont sujettes à des accès plus fréquents et à une meilleure considération que la documentation traditionnelle. Nous approfondissons cet aspect dans la section suivante (cf. 5.2. La perception de l'utilité documentaire du Web). Il apparaît aussi que l'intérêt pédagogique de l'Internet est perçu comme plus modéré par les utilisateurs de l'ESV. En revanche, l'instrumentation de l'ESV reste rudimentaire, comme en attestent les comportements de navigation et de correspondance électronique qui n'évoluent pas. Les élèves ne semblent pas ressentir le besoin d'élaborer des habiletés particulières à l'ESV, vraisemblablement parce que les situations d'enseignement-apprentissage ainsi instrumentées ne le nécessitent pas.

5.1.4.3. La genèse instrumentale par les parents et l'implication parentale

Le tableau ci-dessous nous renseigne sur la répartition des professions des parents selon les classes. On pourrait penser que les proportions de familles plutôt favorisées dans la classe de 2de 4 (la classe ESV) et plutôt moins favorisées dans la 2de 5 altèrent l'homogénéité souhaitée de la population. Un contrôle statistique révèle que la tendance n'est pas significative (cf. tableau 19 : $\chi^2=14,17$; ns à ddl=9) et qu'aucun des six contrastes possibles n'est pas non plus significatif.

Tableau 12 — Professions exercées par les parents.

	Classe			
	2de 4 (ESV)	2de 5	2de 6	1re L
Cadres, professions intellectuelles sup.	12	5	6	7
Professions intermédiaires	10	7	9	9
Employés, artisans et commerçants	3	3	6	2
Ouvriers, agriculteurs et autres	6	16	5	8
Nombre d'élèves	31	31	26	26

Si les parents bénéficiant de l'ESV ont volontiers renvoyé les questionnaires remplis, les parents des autres classes ont été beaucoup moins coopératifs. Nous avons dû regrouper les réponses des trois classes non-ESV afin d'obtenir des taux de réponse moins contrastés (21 familles ESV : 67,7 % et 43 familles non-ESV : 51,8 %). Un aspect remarquable de la population observée est que toutes les familles possèdent un équipement informatique. L'attribution d'un micro-ordinateur par l'établissement constitue donc un deuxième poste pour le foyer qui, la plupart du temps, possède déjà une connexion à l'Internet, confirmant ainsi la sureprésentation des familles avec adolescents scolarisés parmi les foyers français connectés à l'Internet.

> Du côté des usages, les déclarations des parents révèlent davantage un effet du genre qu'un effet de l'ESV. En effet, il y a plus de parents utilisateurs d'ordinateurs sur leur lieu de travail que de non-utilisateurs et les pères sont significativement plus nombreux que les mères à disposer d'un poste informatique en début comme en fin d'année scolaire (cf. fig. 11a, respectivement $\chi^2_{sept.}=5,51$; $p<.05$ à ddl=1 et $\chi^2_{juin}=9,32$; $p<.01$ à ddl=1). Dans le prolongement de cette tendance, les pères sont aussi significativement plus nombreux que les mères à utiliser l'Internet sur leur lieu de travail, et ce tout au long de l'année, même si là, les utilisateurs de l'Internet sont minoritaires (cf. fig. 11b, respectivement $\chi^2_{sept.}=10,72$; $p<.01$ à ddl=1 et $\chi^2_{juin}=17,22$; $p<.01$ à ddl=1).

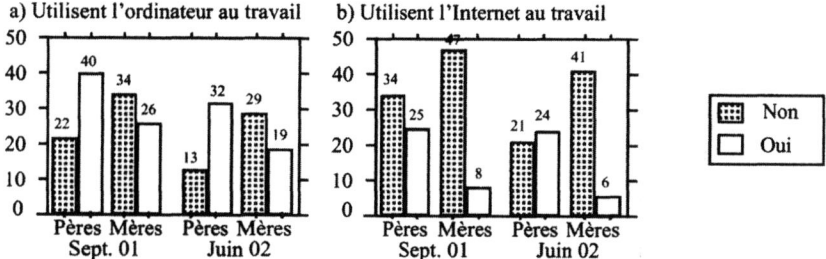

Figure 11 — Usages professionnels des TIC par les parents de toutes les classes.

> À la maison, les mères déclarent porter un intérêt significativement plus marqué pour le travail scolaire, en début d'année comme en fin d'année, indépendamment du fait de disposer ou non de l'ESV (cf. fig. 12a, respectivement $\chi^2_{sept.}=3,58$; $p<.10$ à ddl=1 et $\chi^2_{juin}=3,57$; $p<.10$ à ddl=1). Pour autant, pères et mères font un usage non distinct de l'Internet. En revanche, on observe une inversion significative de la répartition entre internautes et non-internautes au cours de l'année chez les parents ESV (cf. fig. 12b : $\chi^2_{ESV}=5,76$; $p<.05$ à ddl=1). Minoritaires en début d'année scolaire, tout comme les parents non-ESV (cf. fig. 12b : $\chi^2_{sept.}=0,28$; ns à ddl=1), ils deviennent majoritaires en fin d'année (cf. fig. 12b : $\chi^2_{juin}=4,73$; $p<.05$ à ddl=1). Dans le même temps, la répartition internautes/non-internautes reste stable chez les parents non-ESV (cf. fig. 12b : $\chi^2_{non-ESV}=1,40$; ns à ddl=1).

> Toutefois, ce phénomène ne bénéficie pas aux lycéens. Tout au long de l'année, les parents restent plus nombreux à ne pas utiliser l'Internet avec leur fils ou leur fille, sans

que les pères puissent être distingués des mères et que les parents ESV puissent être distingués des parents non-ESV (*cf.* fig. 12c). Lorsqu'il s'agit de suggérer des adresses de sites Web aux lycéens, en dehors d'une différence significative entre pères et mères en début d'année (*cf.* fig. 12d : $\chi^2_{\text{sept.}}=6{,}66$; $p<.01$ à ddl=1), les parents sont plus nombreux à ne pas le faire qu'à le faire, et ce indistinctement entre parents ESV et non-ESV.

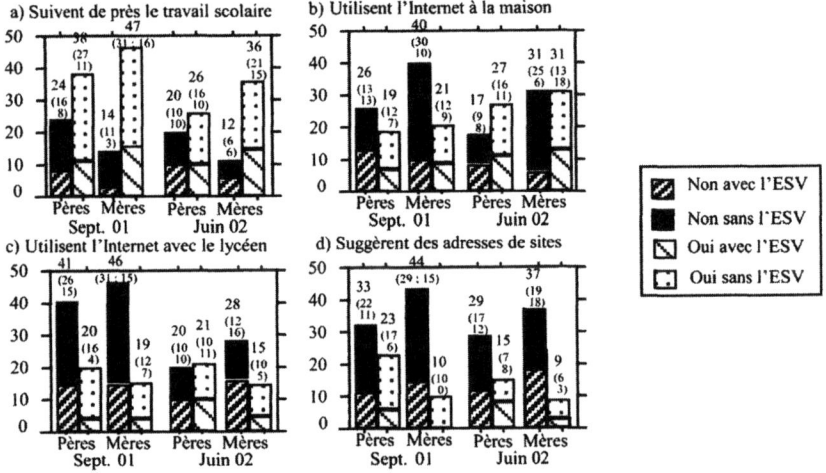

Figure 12 — Suivi parental et usages domestiques des TIC.

Enfin, aux échelles d'attitude sur ce que l'ESV est susceptible d'apporter aux parents en termes de facilitation de leurs relations avec le lycée, les impressions exprimées se dégradent nettement au cours de l'année. Sans distinction de genre, pères et mères pensent que les relations avec l'administration et les relations avec les enseignants sont significativement moins faciles en fin d'année qu'en début (*cf.* respectivement, fig. 13a, $F_{(1, 29)}=21{,}30$; $p<.01$ et fig. 13b, $F_{(1, 29)}=11{,}75$; $p<.01$).

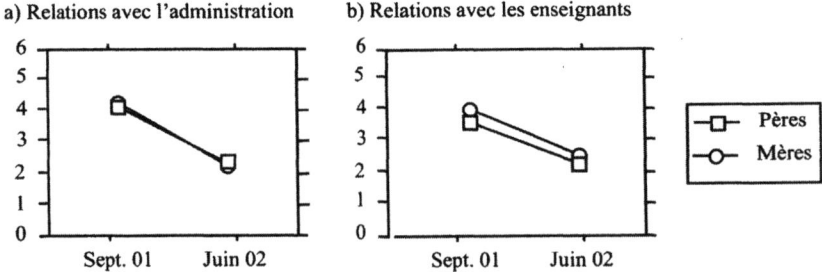

Figure 13 — Opinion des parents à l'égard de la facilitation par l'ESV de leurs relations avec le lycée.

Au total, si les usages professionnels de la micro-informatique résultent de la répartition des métiers en fonction du genre, il ressort de cette série de résultats que l'introduction de l'ESV au domicile familial ne modifie pas l'équilibre établi entre pères et mères dans leurs rapports au travail scolaire. L'augmentation du nombre d'internautes chez les parents bénéficiant de l'ESV ne se réalise pas au profit du lycéen, avec lequel il n'est pas fait d'usage plus intensif de l'Internet, et auquel on ne suggère pas davantage de sites Web. En termes d'attribution de fonctions et d'élaboration d'habiletés relatives à l'ESV, ces usages s'apparentent à un détournement en tant que deuxième poste connecté à l'Internet plutôt qu'à l'établissement d'un lien entre la famille et le lycée.

Enseignants, élèves et parents semblent faire de l'ESV un usage d'abord individuel plutôt que mutuel, au sens où les échanges rendus possibles par le dispositif demeurent rares, au profit du renforcement des rôles tenus par chacun. C'est précisément l'un de ces usages individuels que nous explorons dans l'étude qui suit, en nous intéressant à la façon dont les lycéens considèrent l'Internet dans sa dimension documentaire.

5.2. LA PERCEPTION DE L'UTILITÉ DOCUMENTAIRE DU WEB

Les résultats que nous venons de détailler au sujet de l'usage informatif que les élèves font de l'ESV, nous incitent à nous intéresser de plus près à la perception qu'ils peuvent avoir de l'utilité documentaire du Web. Par perception, nous entendons ici les opinions et croyances des adolescents à l'égard du Web. Ces opinions peuvent résulter de l'utilisation concrète du Web, se forger à partir d'informations en provenance d'autres sources, ou se construire par des phénomènes inférentiels logiques ou quasi-logiques à partir d'informations obtenues sur le Web.

Avant d'étudier les opinions et croyances des adolescents, il est nécessaire de s'arrêter sur les besoins et sur les motivations qui les poussent à utiliser l'Internet. Suler (1998) a identifié quatre types de besoins chez les adolescents, qui sont vraisemblablement associés à un ou plusieurs environnements spécifiques (le Web, le courrier électronique, les forums, les groupes de discussion, les *chats*) :

– L'expérimentation et l'exploration identitaire : les adolescents sont confrontés à des doutes et des questions parfois qualifiées d'«existentielles» en cette période de la vie, telles que «quel genre de personne suis-je?», «qu'est-ce que je veux faire de ma vie?». Du fait que l'Internet leur offre de multiples occasions de satisfaire leur besoin de s'exprimer, d'explorer et d'expérimenter leur identité, les adolescents pensent que l'Internet peut précisément être un moyen de répondre à ce type de questions.

– L'intimité et l'appartenance groupale : les adolescents mettent intensément à l'épreuve leurs nouvelles relations intimes, en particulier avec le sexe opposé. Toutes ces relations occupent une large place dans l'exploration de leur propre identité et il existe sur l'Internet un nombre quasi-illimité de personnes ou de groupes auxquels se confronter. Si l'une des premières motivations des adolescents de 11 à 16 ans pour les jeux d'arcades est de «décrocher» ou de rencontrer de nouveaux amis (Fisher, 1995), l'anonymat sur l'Internet encourage ces échanges et favorise la formation de groupes où les adolescents peuvent plaisanter ou «jouer à», se plaindre de leurs parents ou de leurs enseignants, raconter leur vie et discuter de choses qui les concernent et qu'ils hésiteraient à révéler dans la vie réelle (Shulman & Kipnis, 2001).

– La séparation des parents et de la famille : en général, les adolescents veulent être indépendants, faire leurs propres expériences et ils pensent que l'Internet permet d'acquérir une forme d'indépendance. D'ailleurs, l'une des raisons pour laquelle le Web est si fascinant pour des adolescents est cette ambivalence : il offre de rencontrer de nouvelles personnes et d'explorer une partie du monde sans quitter son domicile.

– L'évacuation des frustrations : la pression exercée par l'école, la famille et les amis peut créer des périodes difficiles et frustrantes pendant l'adolescence. L'Internet se présente aussi comme un espace où les adolescents peuvent donner libre cours à leur colère et ainsi évacuer leurs frustrations.

D'autres travaux empiriques rendent déjà compte, à partir de l'étude des verbalisations des individus, de la perception qu'ont les enfants ou les adolescents du Web et de la confiance qu'ils accordent à ses ressources documentaires, selon leur familiarité avec les environnements numériques (Bilal, 1998 ; Dalgleish & Hall, 2000 ; Hirsh, 2000 ; Schacter *et al.*, 1998 ; Watson, 1998). Dans le prolongement de ces travaux, nous avons choisi de nous intéresser à l'influence de deux caractéristiques individuelles typiquement scolaires : la filière suivie par l'élève et son expérience de l'utilisation du Web.

5.2.1. Les variables connues pour influencer la perception des utilisateurs

Un certain nombre d'études antérieures s'accordent sur le fait que la perception qu'ont les utilisateurs du Web est sous l'influence de deux types de caractéristiques : celles d'ordre technique et celles liées aux facteurs individuels (Marchionini, 1995). Une des spécifications techniques les plus étudiées est le temps de téléchargement (Dalgleish & Hall, 2000; Jacko *et al.*, 2000; Lin & Hsipeng, 2000; Sekikawa *et al.*, 2001). Plusieurs de ces études indiquent qu'un des principaux reproches que formulent les utilisateurs à l'égard du Web est la longueur du délai de téléchargement. De plus, la perception de la qualité des informations disponibles en ligne est partiellement dépendante de cette vitesse d'accès. Ainsi, d'une part, plusieurs recherches montrent qu'un internaute qui cherche de l'information sur le Web se désintéresse d'un site si le téléchargement excède dix secondes et, d'autre part, la frustration et l'insatisfaction de cet internaute s'accentuent lorsqu'augmente le temps de téléchargement. Par exemple, une expérience récente conduite par Selvidge *et al.* (2002) a porté sur l'effet de la durée de téléchargement de pages Web (1, 30 et 60 secondes), sur l'efficacité des utilisateurs et leur frustration. Conformément aux données issues des études antérieures, les résultats révèlent que la frustration résulte de longs téléchargements et que le nombre de tâches achevées est inférieur dans des conditions de téléchargements longs. Ces études sur les impacts de la durée de téléchargement intéressent avant tout l'industrie des télécommunications, dans la mesure où l'un des objectifs est que l'internaute ne «zappe» pas trop vite.

Si quelques-uns des effets des spécifications techniques sont connus, peu de travaux ont examiné l'impact des caractéristiques individuelles comme l'expérience personnelle, le genre ou l'âge. Néanmoins, certaines études longitudinales s'intéressent aux relations qui existent entre l'expérience qu'ont les utilisateurs du Web, leur utilisation et leur perception. Par exemple, Klobas & Clyde (2000) ont recueilli l'opinion d'utilisateurs par une enquête par courrier électronique adressée aux participants d'un cours en ligne s'étalant sur 3 ans. Un des résultats les plus intéressants est que les perceptions déclarées sont restées relativement stables au cours de ces trois années. De la même manière, dans une autre enquête par questionnaire, Anandarajan *et al.* (2000) ont examiné les facteurs influençant l'utilisation du Web et la perception individuelle consécutive à cette utilisation. Deux principaux résultats ont été obtenus : tout d'abord, les résultats suggèrent que les facteurs individuels, comme l'aisance d'utilisation du Web et la «débrouillardise», sont liées à l'utilité perçue du Web. Ensuite, ni l'âge ni le genre n'apparaissent comme des variables importantes. Mais des résultats contradictoires ont été relevés par Heimrath & Goulding (2001) et Ford *et al.* (2001). En effet, certains résultats obtenus par ces auteurs font ressortir d'intéressantes différences liées à des caractéristiques individuelles comme le genre et le style cognitif (visuel *vs* verbal) sur la perception des utilisateurs.

Certaines limites méthodologiques empêchent toutefois la généralisation de ces résultats. La première réserve réside dans la faiblesse numérique des échantillons observés, tant dans les études de cas que dans les travaux empiriques. Mais la critique principale concerne les modalités de recueil des données : l'essentiel des données a été obtenu *via* le Web lui-même, ce qui constitue un biais. Par conséquent, même si quelques chercheurs ont pu préconiser l'utilisation de l'Internet pour la conduite d'observations (Schmidt, 1997a ; 1997b), Voss (1996) rappelle que des méthodes d'investigation plus valides devraient comporter des observations hors ligne, auprès d'une population véritablement sélectionnée et non auprès des seules bonnes volontés qui acceptent de répondre à une enquête en ligne. En outre, lors des enquêtes en ligne en milieu scolaire, les adolescents y répondent généralement sur leur propre temps libre d'une semaine sur l'autre. Du fait du faible contrôle exercé sur la qualité des données recueillies par cette technique (qui a répondu exactement ?), Wang (2001) leur préfère des méthodes papier-crayon. En effet, bien souvent, dans de telles circonstances, les renseignements individuels sont incertains (âge ? filière scolaire ? expérience d'utilisation ? etc.).

Il reste qu'assez peu d'études ont véritablement porté sur l'impact des caractéristiques individuelles sur l'opinion à l'égard du Web, même si on observe un certain regain d'intérêt pour les différences individuelles, en raison notamment des progrès récents des environnements virtuels, à travers des aspects comme la visualisation de l'information et les interfaces graphiques 3-D (Chaomei-Chen *et al.*, 2000). Pour notre part, nous avons retenu de ces travaux la prégnance du facteur expérience d'utilisation du Web que nous avons croisé avec la filière scolaire suivie par l'adolescent, ce qui à notre connaissance n'a pas encore été fait. Conformément aux recommandations méthodologiques évoquées plus haut, nous avons opté pour un questionnaire administré de façon traditionnelle auprès d'un échantillon important, comme nous allons le détailler maintenant.

5.2.2. Procédé d'observation

Nous manipulons donc deux facteurs selon un plan factoriel classique, chacun de ces facteurs et de leurs modalités correspondant à des caractéristiques individuelles familières des enseignants :
– l'expérience d'utilisation du Web (inférieure : élèves de 1re *vs* supérieure : élèves de terminale) ;
– la filière scolaire (littéraire *vs* scientifique).

5.2.2.1. Conception du questionnaire

La perception que les adolescents ont du Web a été mesurée par un questionnaire papier-crayon comportant une série d'échelles d'attitude (de type Likert), construit sur la base d'entretiens réalisés au cours d'une pré-enquête. Cette démarche qualitative préliminaire a permis de recueillir un ensemble important d'éléments. Au cours des entretiens, les six adolescents interviewés ont pu s'exprimer sur le genre d'information qu'ils trouvent sur le Web, évoquer les types de ressources électroniques auxquelles ils ont accès à l'extérieur de l'école et donner leur avis sur les documents qu'ils peuvent trouver selon les différentes ressources qu'ils consultent. Pour cela, il leur a été demandé de répondre aux questions suivantes :

- Pourquoi cherchez-vous de l'information sur le Web ?
- Comment trouvez-vous un site intéressant sur le Web ?
- En général, où trouvez-vous de l'information intéressante ?

C'est sur la base des réponses obtenues au cours de ces six entretiens que les items des échelles d'attitude ont été formulés. Le questionnaire a été auto-administré en groupe sur le temps de classe. Chaque participant s'est vu remettre un questionnaire qu'il a rempli en présence d'un observateur, qui a pu notamment contrôler et veiller au meilleur taux de réponses possible, les sujets pouvant éventuellement l'interpeller pour obtenir des éclaircissements sur l'une ou l'autre des questions. Les scores calculés à partir des réponses ont fait l'objet d'une analyse de la variance à deux facteurs.

5.2.2.2. Caractéristiques des sujets

Quatre-vingt-quinze lycéens appartenant à un même lycée ont participé à cette étude, dont 48 élèves de première et 47 élèves de terminale. Afin de contrôler que le niveau de la classe fréquentée par l'adolescent correspond bien à son expérience d'utilisation du Web, nous avons comparé l'expérience déclarée : elle est de 43,1 mois pour les élèves de 1re, tandis que ceux de terminale font état de 50,4 mois.

La durée moyenne d'utilisation du Web apparaît significativement différente entre les niveaux de classe ($F_{(1, 91)}=13.52$; $p<.01$). Les élèves de première ont donc été considérés comme ayant le niveau d'expérience inférieur tandis que les élèves de terminale ont été considérés comme possédant le niveau d'expérience supérieur. Bien qu'il s'agisse là de modalités relatives et non absolues, elles n'en constituent pas moins la déclinaison scolaire de l'expérience d'utilisation du Web. Pour chaque niveau de classe, les élèves étaient répartis entre littéraires et scientifiques : parmi les 48 sujets de première, 23 étaient de filière littéraire (1re L) (âge moyen : 16,16 ans) et 25 étaient de filière scientifique (1re S) (âge moyen : 16,17 ans); et parmi les 47 sujets de terminale, 14 appartenaient à la filière littéraire (T L) (âge moyen : 17,06 ans) et 33 à la filière scientifique (T S) (âge moyen : 17,07 ans). Si la différence d'âge entre les élèves de filières différentes n'est pas significative ($F_{(1, 91)}=0,881$; ns), elle le devient entre les niveaux de classe ($F_{(1, 91)}=6178,9$; p<.01). Le niveau de classe fréquenté se voit ainsi attribuer une valeur de l'expérience d'utilisation du Web aussi dépendante de l'âge.

5.2.3. Résultats

5.2.3.1. Les motifs de recherche d'informations sur le Web

Neuf propositions ont été faites aux élèves afin qu'ils puissent indiquer les raisons pour lesquelles ils cherchent des informations sur le Web. Le tableau 13 rassemble les scores moyens obtenus par chacune des propositions. Il ressort que la hiérarchie des raisons évoquées est relativement stable quel que soit le niveau d'expérience d'utilisation du Web (inférieur *vs* supérieur). Par ordre décroissant d'accord avec ce qui était proposé, ces raisons sont : (1) l'intérêt de l'information que l'on trouve sur le Web, (2) la rapidité d'accès, (3) la quantité, (4) la

Tableau 13 — «Pourquoi cherchez-vous de l'information sur le Web?». Scores moyens aux réponses pour les deux niveaux d'expérience et les deux filières.

«Sur le Web...	Expérience d'utilisation du Web			Filière scolaire		
	Inf.	Sup.	p	Litt.	Scient.	p
... Je trouve de l'information plus rapidement.»	4,28	> 4,00	ns	4,08	< 4,20	ns
... Je trouve plus d'information.»	4,27	> 3,87	ns	3,65	< 4,49	<.01
... Je trouve de l'information plus exacte.»	3,65	> 3,16	ns	3,00	< 3,81	<.01
... Je trouve de l'information plus récente.»	4,10	> 3,58	ns	4,09	> 3,59	ns
... Je trouve de l'information plus intéressante.»	4,60	> 4,60	ns	4,15	< 4,47	ns
... Je trouve de l'information mieux présentée.»	3,86	> 3,22	<.05	3,00	< 4,08	<.01
... Je trouve de l'information plus claire.»	3,51	> 3,04	<.10	2,95	< 3,60	<.01
... Je trouve tout ce dont j'ai besoin.»	3,93	> 2,91	<.01	3,36	< 3,48	ns
... J'apprends à chercher sur d'autres supports.»	3,91	> 2,71	<.01	3,30	< 3,32	ns

nouveauté, (5) la réponse au besoin, (6) la possibilité d'apprendre à rechercher de l'information grâce au Web, (7) la meilleure présentation de l'information, (8) l'exactitude de l'information et (9) la clarté de l'information.

Deux tendances générales émergent. D'une part, les scores des adolescents les moins expérimentés sont toujours supérieurs à ceux des adolescents les plus expérimentés, bien que la différence ne soit significative que pour quatre des items. On peut supposer que les adolescents les plus familiers du Web sont moins confiants et plus critiques que les adolescents les moins familiers. D'autre part, les scores des élèves de la filière scientifique sont supérieurs à ceux de la filière littéraire pour huit des neuf items, dont quatre significatifs. Une hypothèse explicative pourrait être que l'apprentissage de l'analyse de textes complexes et la manipulation de multiples formes discursives rend les élèves de la filière littéraire plus critiques et moins confiants que les élèves de la filière scientifique.

5.2.3.2. *Les stratégies de recherches de sites jugés intéressants*

Les élèves ont eu à se prononcer sur dix stratégies d'accès à des sites jugés intéressants. Le tableau 14 montre que les stratégies d'accès des adolescents à ces sites dépendent de leur expérience d'utilisation du Web. Si les scores des adolescents les plus expérimentés sont toujours inférieurs à ceux des moins expérimentés, les analyses de la variance réalisées indiquent que seulement cinq des différences sont significati-

Tableau 14 — «Comment trouvez-vous un site Web intéressant?». Scores moyens aux réponses pour les deux niveaux d'expérience et les deux filières.

	Expérience d'utilisation du Web			Filière scolaire		
	Inf.	Sup.	p	Litt.	Scient.	p
Moteurs de rech.	4,75	> 4,62	ns	4,58	< 4,80	ns
Au hasard	2,83	> 2,56	ns	2,76	> 2,63	ns
Télévision	3,88	> 2,65	<.01	3,31	> 3,22	ns
Amis	4,86	> 4,36	<.05	4,62	> 4,61	ns
Magazines	4,29	> 4,05	ns	4,21	> 4,13	ns
Frère(s)/sœur(s)	3,73	> 3,10	<.10	3,21	< 3,62	ns
Radio	3,46	> 2,21	<.01	2,62	< 3,05	ns
Autres sites Web	4,23	> 3,77	ns	3,98	< 4,03	ns
Enseignants	3,60	> 3,32	ns	3,88	> 3,04	<.01
Parents	2,70	> 2,18	<.01	2,45	< 2,78	ns

ves. Ainsi, les adolescents les plus expérimentés semblent être significativement plus critiques, moins confiants et moins enthousiastes envers la télévision, leurs amis, la radio, leur fratrie et leurs parents.

Mais, indépendamment du niveau d'expérience des adolescents, les stratégies peuvent être regroupées en trois catégories qui, par ordre décroissant, sont : (1) les amis, les moteurs de recherche et les magazines, (2) les autres sites, les enseignants, la télévision et la fratrie et (3) la radio, le hasard et les parents. Sans pouvoir véritablement parler de tendance nette, il apparaît cependant que la fiabilité accordée aux stratégies de recherche diminue lorsqu'il s'agit de s'appuyer sur le proche environnement de l'adolescent (la télévision, la radio, les parents, la fratrie, les enseignants).

Les résultats montrent aussi que les stratégies des adolescents sont relativement indépendantes de leur filière scolaire. Les trois mêmes catégories de stratégies se dégagent : (1) amis, moteurs de recherche et magazines, (2) autres sites Web, enseignants, télévision et frère(s) et/ou sœur(s) et (3) radio, au hasard et parents. La seule différence significative porte sur la confiance accordée aux enseignants, les élèves de la filière littéraire leur faisant significativement plus confiance que les élèves de la filière scientifique pour trouver un site Web intéressant.

5.3.3.3. *La localisation de l'information appropriée*

Neuf types de sources et/ou de localisations d'information ont été proposées aux adolescents. Les résultats consignés dans le tableau 15 montrent que la perception qu'ont les adolescents de la localisation de l'information appropriée est relativement indépendante de leur expérience d'utilisation du Web. Quel que soit leur niveau d'expérience, les lieux considérés comme contenant l'information appropriée peuvent être groupés en trois catégories : (1) le CDI (Centre de Documentation et d'Information), la bibliothèque municipale et le dictionnaire, (2) les CD-ROM, les manuels scolaires et les enseignants et (3) le Web, la famille et la télévision.

Les analyses de la variance que nous avons pratiquées révèlent que les adolescents les moins expérimentés sont significativement plus confiants que les adolescents les plus expérimentés à l'égard de la télévision, du Web, de la famille et des CD-ROM pour obtenir de l'information appropriée. Ce résultat confirme la tendance mise au jour précédemment : la confiance envers les différentes sources d'information est plus faible lorsqu'il s'agit du proche environnement de l'adolescent (ici, la télévi-

Tableau 15 — «Où trouvez-vous l'information appropriée?». Scores moyens aux réponses pour les deux niveaux d'expérience et les deux filières.

	Expérience d'utilisation du Web				Filière scolaire			
	Inf.		Sup.	p	Litt.		Scient.	p
CDI	4,62	<	4,85	ns	5,20	>	4,24	<.01
Bib. municipale	4,80	>	4,75	ns	5,11	>	4,44	<.01
Dictionnaire	4,76	<	5,19	<.10	5,19	>	4,75	<.10
TV	3,48	>	2,65	<.01	3,25	>	2,88	ns
Web	4,23	>	3,34	<.01	3,58	<	4,00	<.10
Famille	3,88	>	3,30	<.05	3,48	<	3,70	ns
Enseignants	4,24	>	3,99	ns	4,18	>	4,05	ns
Manuels scolaires	4,47	<	4,67	ns	4,56	<	4,58	ns
CD-ROM	4,48	>	4,08	<.10	4,28	>	4,27	ns

sion et la famille) et les utilisateurs les plus familiers du Web sont plus critiques que les utilisateurs les moins familiers.

Par ailleurs, les élèves de la filière littéraire sont significativement plus confiants que les élèves de la filière scientifique envers les CDI, les bibliothèques municipales et le dictionnaire et significativement moins confiants envers le Web. Il est vraisemblable que c'est la nature des ressources disponibles dans ces lieux, essentiellement constituées de documents imprimés, lesquels conviennent particulièrement aux élèves littéraires, qui explique en partie cette tendance.

5.2.4. Les effets de l'expérience du Web et de la filière scolaire

Les deux facteurs que nous avons manipulés ici ont bien une influence sur la perception qu'ont les adolescents de l'intérêt documentaire du Web. Les adolescents qui ont une plus longue expérience d'utilisation du Web sont devenus plus critiques, moins confiants et moins enthousiastes qu'ils ne pouvaient l'être avec moins d'expérience. En outre, dans certains domaines, la perception qu'ont les élèves de la filière littéraire à l'égard des ressources documentaires est différente de celle des élèves de la filière scientifique. Il reste que nous ne pouvons pas encore tirer de conséquences strictement pédagogiques de ces effets.

En effet, les enseignants sont eux-mêmes des personnes dont l'expérience d'utilisation du Web et la discipline d'enseignement, sinon façonnent, du moins influencent leur propre perception des ressources documentaires électroniques. Il va sans dire qu'avant même celle de leurs élèves, cette perception oriente vraisemblablement en partie les choix qui peuvent être faits. Une tentative raisonnable d'extrapolation pédagogique ne peut évidemment pas faire l'économie de la double influence des caractéristiques de l'enseignant et de celles de son public, mais aussi et surtout des interactions entre ces influences.

Nos résultats remettent toutefois en cause l'idée selon laquelle une même population, celle des lycéens, aurait une perception et une utilisation uniforme des TIC, comme nous avons pu le laisser entendre dans l'observation des usages de l'ESV. En effet, l'apparente homogénéité de la population est trompeuse lorsque l'on considère les élèves uniquement en tant qu'adolescents. Si, en surface, les opinions peuvent sembler assez proches quel que soit le niveau d'expérience du Web et quelle que soit la filière scolaire, il apparaît que l'adhésion à un certain nombre d'aspects plus précis varie significativement en fonction des caractéristiques individuelles auxquelles nous nous sommes intéressés.

5.3. RETOUR SUR L'INSTRUMENTALISATION ET L'INSTRUMENTATION

L'observation des enseignants qui utilisent régulièrement l'ESV laisse entrevoir que la fonction principale qui semble être attribuée au dispositif est illustrative. Nous avons vu que des épisodes de cette nature apparaissent là où ils sont absents sans le dispositif. Ces épisodes illustratifs ont naturellement été anticipés et nous avons fait l'hypothèse que les enseignants les mobilisent pour les mettre au service de leur position magistrale. C'est bien de l'instrumentalisation de l'ESV dont il est question, à travers la mise en œuvre des habiletés professionnelles les plus sûres. Des observations de Charlier et ses collaborateurs (Charlier *et al.*, 1994), à l'occasion de l'usage d'ordinateurs à l'école élémentaire, suggèrent aussi que les premiers usages qu'en font les enseignants sont au service de leurs habitudes pédagogiques les mieux établies. Il est probable que cette posture magistrale qu'on manifesté les enseignants avec l'ESV soit celle qu'ils adoptent le plus souvent, ce que nous n'avons pas songé à contrôler. Il apparaît ici important de mieux cerner les modes d'action pédagogique des enseignants sans système technique pour bien interpréter la genèse instrumentale qui s'opère.

Les élèves quant à eux, selon qu'ils sont considérés comme des lycéens ou des adolescents, attribuent à l'ESV ou au Web des fonctions différentes. En tant que lycéens, l'instrumentalisation qui se dégage est d'abord informative. Moyennant quoi l'ESV passe au second plan, derrière l'Internet et notamment le Web. Nous avançons l'hypothèse que cet effacement résulte de l'instrumentalisation même des enseignants, de laquelle sont absentes des fonctions de rappel de ce qui a été fait en classe. L'instrumentation du Web et de ses ressources documentaires s'opère sans référence dominante à l'établissement scolaire, comme en témoigne l'influence de l'expérience d'utilisation et de la filière scolaire. Au-delà de l'impact local des caractéristiques individuelles, ce sont bien des critères puisés dans la vie quotidienne qui semblent commander la confiance accordée aux informations recherchées.

Pour les parents, enfin, l'instrumentalisation de l'ESV se réalise d'abord comme celle d'un poste informatique, c'est-à-dire sans considération du lien qu'il constitue avec le lycée. Ce lien semble par ailleurs se distendre à mesure que l'année scolaire avance, sous la double influence de l'instrumentalisation des enseignants, qui n'exploitent sans doute pas assez les possibilités de communication avec les familles, et de l'instrumentation de l'ESV par les parents, qui reproduisent le type de relation qu'ils entretiennent avec l'établissement scolaire.

Il ne s'agit donc pas de statuer sur l'ESV en particulier ou sur les cartables numériques en général, mais de tenter de comprendre ce qu'il déclenche chez les différentes catégories de personnes qui ont pu s'en servir. En complément de ces premiers éléments, le recours à la notion de genèse instrumentale appelle quelques remarques. En tant que telle, cette notion nécessite d'être associée à des modèles spécifiques du comportement des sujets. En effet, nous avons dû nous référer aux actions de base des enseignants qui se manifestent à travers des épisodes de conduite de classe. De même, pour les élèves, les comportements sur l'Internet ont été à la source des questions qui leur ont été posées, tout comme les parents, pour qui les relations familles-école ont constitué la base de nos observations. Nous soulignons ici le rôle du cadre interprétatif global de la notion de genèse instrumentale, cadre dans lequel des outils conceptuels plus fins doivent être emboîtés pour qu'il fonctionne. C'est tout naturellement la nature de cet emboîtement que nous interrogeons dans le prochain et dernier chapitre.

NOTES

[1] Accessible à http://www.educnet.education.fr/salon01/travailler.htm#r1 (dernière connexion : juin 2004).
[2] Une version de démonstration de la plate-forme actuelle est accessible à http://esv.u-strasbg.fr/esv/plateformes/Demo/login.asp (dernière connexion : juin 2004).
[3] Ministère de l'Éducation Nationale, Région Alsace, Microsoft France, Toshiba Systèmes France, France Telecom.
[4] Accessible à http://hebergement.ac-poitiers.fr/c-couhe/Projets/ntic/plan.htm (dernière connexion : juin 2004).
[5] Accessible à http://www.ac-dijon.fr/tice/arianed/entree.htm (dernière connexion : juin 2004).

Chapitre 6
Conclusion

Cet ensemble de travaux s'étale sur une quinzaine d'années, au cours desquelles la façon de considérer les usages des TIC a évolué, passant par une approche technicisée, puis médiatisée et, plus récemment, instrumentée. Dans le même temps, la technique a elle aussi évolué, offrant des usages nouveaux tout en pérennisant les anciens. S'il est apparu nettement que les usages pédagogiques comme les dispositifs techniques sont intégratifs, les observations que nous avons faites laissent penser que les usages pédagogiques s'apparentent davantage à une évolution imposée par la technique qu'à un véritable progrès résultant de la technique.

Dans ce chapitre de conclusion, nous proposons un cadre d'analyse de cette évolution, qui articule les différents objets en jeu dans les situations d'enseignement-apprentissage, dans lesquelles interviennent des dispositifs techniques : les objets didactiques ou les contenus d'enseignement, les objets pédagogiques ou les formalismes de présentation des contenus, les objets techniques ou les fonctionnalités des logiciels, auxquels s'ajoutent dans une moindre mesure les objets sociaux ou les possibilités d'échanges interpersonnels.

6.1. TIC ET ARTICULATION ENTRE THÉORIE ET PRATIQUE PÉDAGOGIQUE

Nous avons vu que, lorsque l'on cherche à faire la preuve d'une valeur ajoutée pédagogique qui résulterait de l'introduction d'un système technique, on soulève des questions d'élaboration du discours pédagogique de la part de l'enseignant et de comportement d'auditeur des apprenants d'une part, mais aussi d'interprétation de l'évolution des performances des apprenants d'autre part. Avant même de pouvoir mesurer l'éventuelle valeur ajoutée du système technique, on constate que son introduction influence certains aspects de la situation d'enseignement-apprentissage, qui précèdent l'acquisition de connaissances en tant que telle.

Lorsqu'il s'est agi de faire la preuve des apports des médias électroniques, soit en termes de compensation de la distance, soit en termes de communication entre pairs, soit en termes de recours à des supports numériques, ce sont surtout des problèmes de choix d'indicateurs et de mesures qui ont été rencontrés. Ce premier changement de paradigme modifie en même temps le type d'obstacle à surmonter : de la difficulté de décrire le réel, on passe à la difficulté de pouvoir en saisir l'évolution.

Enfin, au moment de rendre compte de l'appropriation d'un dispositif et de ses ressources numériques, ce ne sont plus les difficultés posées par l'administration de la preuve qui changent, mais la démarche de preuve elle-même qui se transforme. En effet, il ne s'agit plus de mettre au jour des effets consécutifs à l'introduction d'un système technique ou au recours à un média numérique, mais de comprendre quelles fonctions certains dispositifs se voient attribuer par leurs usagers et comment ces mêmes usagers y adaptent ou non des modes d'usages antérieurs. Ce faisant, c'est bien le dispositif qui est interrogé, dans sa pertinence pour l'action, son adéquation aux opérations pédagogiques qu'il est susceptible de servir. Vient ensuite, cap que nous n'avons pas franchi, la possibilité de proposer de modifier ce qui peut l'être. La preuve consiste à démontrer la réalité des phénomènes qui expliquent quelques-unes des transformations microscopiques des situations d'enseignement-apprentissage.

Ces trois temps de notre démarche s'inscrivent par ailleurs dans un cadre plus large qu'est celui de la preuve dans les Sciences anthroposociales en général et en Sciences de l'éducation en particulier. À l'échelle des Sciences anthroposociales, Berthelot (1990) décrit la preuve comme fonctionnant entre deux écueils : celui de la métaphysique, en tant qu'exercice intellectuel purement spéculatif et déconnecté de toute expérience, et celui du technicisme vide, en tant qu'observation purement méthodologique et dénuée de sens (*cf.* fig. 14). Il va sans dire que les bornes ainsi délimitées sont contextualisées, dans le temps comme dans l'espace, et que leur négociation n'est que rarement consensuelle.

Pour notre part, nous nous sommes imposé comme rempart à la métaphysique de recourir à des modèles des éléments en jeu dans les situations d'enseignement-apprentissage et comme rempart au technicisme de recourir à des comparaisons en situations réelles de classe ou de formation. À cet égard, les modèles retenus (production de discours, comportement d'auditeur, distances en formation, communication médiatisée au lycée, genèse instrumentale, perception du Web) l'ont été, soit pour leur

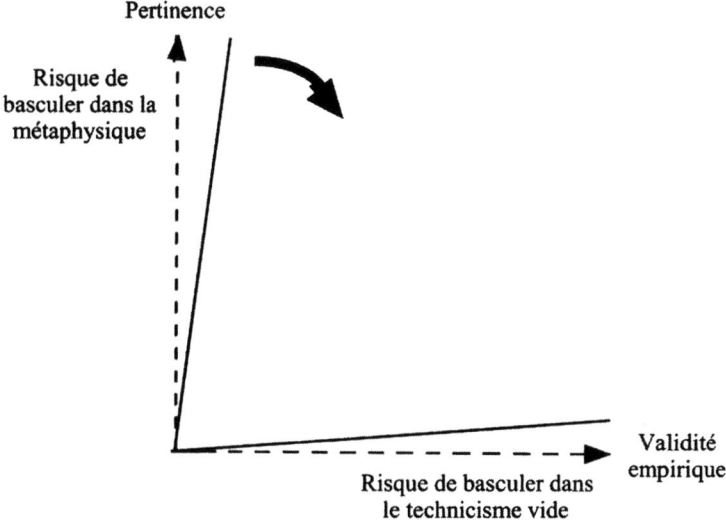

Figure 14 — Le fonctionnement de la preuve en Sciences humaines et sociales (d'après Berthelot, 1990, p. 208).

potentiel prédictif de ce qui allait être observé, soit pour leur pouvoir explicatif de ce qui avait été observé.

Les comparaisons réalisées, quant à elles, qu'elles aient été provoquées ou qu'elles aient été menées dans des conditions plus écologiques, ont toujours été complétées par des contrôles statistiques. Ces contrôles n'ont d'autre but que de pouvoir interpréter les mesures effectuées en attribuant soit aux variables pédagogiques contrôlées soit à toutes les autres variables non contrôlées, les différences mises en évidence. Ainsi, le fait que des différences soient non significatives ne signifie pas que les mesures réalisées ne révèlent pas de différences, mais que ces différences n'ont pas pour origine les éléments contrôlés au cours de l'observation, c'est-à-dire autre chose, qui du reste demeure inconnu. On le voit, le risque d'attribuer les résultats obtenus aux caractéristiques des situations observées devient beaucoup plus faible lorsque des tests d'inférence statistique sont pratiqués que lorsqu'ils ne le sont pas. Tellement faible, d'ailleurs, que nous n'avons pu que très rarement attribuer précisément aux variables manipulées par l'observation les différences pourtant bien mesurées. Ce cas de figure, fréquent dans l'ensemble de ces travaux, remet en cause le modèle convoqué en amont et plus largement le paradigme comparatiste qui se doit d'évoluer, de façon à maintenir un écart raisonnable entre métaphysique et technicisme. C'est ce que nous pensons avoir contribué à faire en considérant tour à tour les situations comme technicisées, médiatisées puis instrumentées.

À l'échelle des Sciences de l'éducation, la preuve s'intercale précisément entre la recherche en éducation et les pratiques éducatives. Dans leur ouvrage, Hadji et Baillé (1998) réunissent différents points de vue qui convergent vers l'abandon d'un certain nombre d'illusions, comme celle d'une pédagogie scientifique, chère à Piaget, qui dicterait de bonnes pratiques dérivées des lois du réel humain en éducation. De telles lois ne peuvent exister compte tenu de la temporalité et de la singularité des phénomènes, d'une part, du réductionnisme et de l'incomplétude des modèles, d'autre part. Ne pouvant s'appuyer exclusivement sur des travaux de nature scientifique, la pratique éducative évolue néanmoins sous la pression ou l'influence de croyances collectives, de demandes sociales, de projets politiques qui s'offrent comme autant de terrains d'observation. Ainsi, l'introduction des TIC en éducation a ceci d'intéressant qu'elle ne s'est pas réalisée sur la base de preuves de leur intérêt pédagogique, et que la quête *a posteriori* de ces preuves à partir des pratiques a contribué à façonner la manière de considérer les pratiques : technicisées, médiatisées, instrumentées. C'est ce rapport entre pratique et recherche que la démarche de preuve nous offre de saisir, dans le cas des TIC comme pour toute autre innovation pédagogique sans doute. Faute de précéder la pratique, la recherche en éducation peut espérer la rendre intelligible, sans pour autant la contraindre à éviter des voies qui se révéleraient sans issue.

6.2. LES CONFLITS INSTRUMENTAUX : DES MANIFESTATIONS DES INTERFÉRENCES ENTRE ARTEFACTS DIDACTIQUES, PÉDAGOGIQUES, TECHNIQUES, SOCIAUX

Comme nous l'avons vu plus haut, la notion d'instrument désigne sous le même terme des objets symboliques et des objets matériels tous construits ainsi que les opérations qui leurs sont associées. Choisir l'instrument comme unité d'analyse des situations d'enseignement-apprentissage nécessite d'abord de distinguer les artefacts didactiques, c'est-à-dire les objets disciplinaires enseignés, et les artefacts pédagogiques, ici les objets médiateurs du savoir. Ces artefacts ont le statut d'instrument dès lors qu'ils sont instrumentalisés et intrumentés par l'apprenant et/ou l'enseignant.

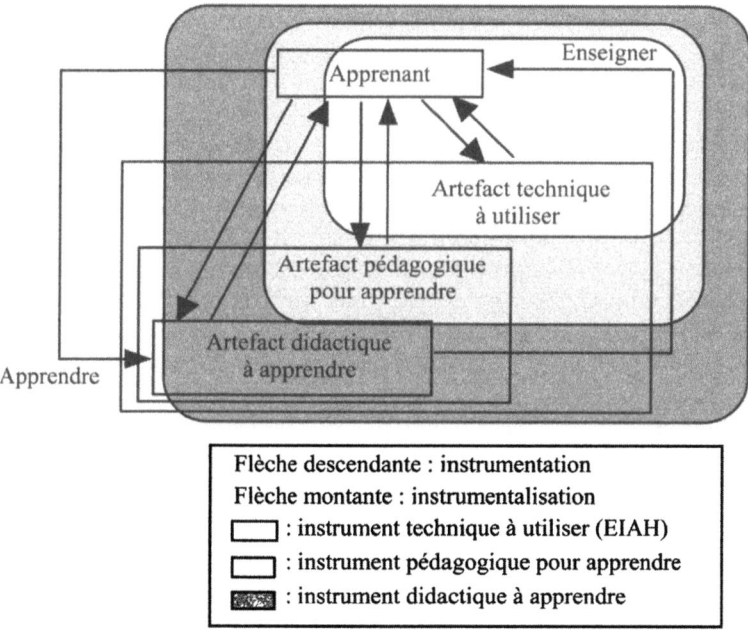

Figure 15 — Les niveaux d'emboîtement des instruments.

Cette dichotomie, confortable au premier abord, permet d'assigner aux EIAH (Environnements Informatiques pour l'Apprentissage Humain) le double statut d'instrument technique et pédagogique intermédiaire à un instrument didactique (cf. fig. 15). Par exemple, un logiciel d'entraînement à l'addition pour l'école élémentaire est un instrument pédagogique qui peut renforcer l'algorithme de l'addition posée en colonne, qui est ici l'instrument didactique. Mais, en tant qu'instrument pédagogique, un EIAH exploite aussi des instruments pédagogiques emboîtés, comme le langage, les formalismes et les techniques visuo-figuratives mis en œuvre en situation d'enseignement-apprentissage. Dans le cas de l'entraînement à l'addition, le logiciel met éventuellement aussi en œuvre les procédés mnémotechniques de conservation des retenues, qui constituent un instrument emboîté dans le premier, de surcroît propre à chaque enseignant. En outre, un instrument didactique peut à son tour devenir un instrument pédagogique au service d'un nouvel instrument didactique. Notre addition en colonne servira plus tard d'étape finale à l'algorithme de la multiplication. Par ailleurs, l'EIAH, en tant qu'instrument technique, doit faire l'objet d'une appropriation, laquelle dépend de l'instrumentalisation et de l'instrumentation de l'usager.

Si bien que chaque fois qu'un dispositif technique intervient en tant qu'instrument technique, il se double ou se triple d'instruments pédagogiques et didactiques à plusieurs niveaux, qui font l'objet d'instrumentalisations et d'instrumentations propres à chaque apprenant. Vu sous cet angle, les apprentissages fondamentaux pourraient (tout simplement) consister à instrumentaliser et instrumenter convenablement des artefacts afin qu'ils deviennent les instruments qu'ils sont pour la communauté qui les a élaborés et qui veut les transmettre. De même, enseigner (ne) reviendrait (qu') à favoriser cette même instrumentalisation et cette même instrumentation par les sujets, de sorte qu'ils accèdent à l'instrument, tel qu'il existe pour cette même communauté.

Au-delà de ces deux (re)définitions, c'est l'échec à l'apprentissage qui change de contour. Ne pas avoir réussi à apprendre, c'est ne pas avoir réussi à accéder à l'instrument et donc, entre-temps, ne pas avoir instrumentalisé et/ou instrumenté l'un et/ou l'autre des instruments de la façon attendue. C'est précisément ces multiples échecs et cet emboîtement qui nous paraissent intéressants à étudier à travers les usages des systèmes techniques, dans la mesure où les différents niveaux de genèse instrumentale sont susceptibles d'interférer entre eux et de priver l'apprenant de l'accès à l'instrument didactique.

À cet égard, les environnements numériques de travail et d'apprentissage partagés (ENTAP), tels que les cartables numériques, les plates-formes d'EAD, les bureaux virtuels, qui se généralisent aujourd'hui, mettent en œuvre des solutions matérielles et logicielles intégrées, afin d'offrir à différents groupes d'utilisateurs de multiples fonctionnalités de traitement de document et de communication. Tous ces dispositifs ont ceci de particulier qu'ils mettent en présence des acteurs parfois distants (enseignants et apprenants) engagés dans des tâches collectives à des fins d'acquisition de connaissances et qu'ils mobilisent chez chacun d'eux un ensemble complexe d'habiletés dont le niveau d'élaboration, souvent extrêmement variable d'un sujet à l'autre, conditionnement en même temps le succès de la tâche à accomplir.

La notion de conflit instrumental permet donc de rendre compte d'obstacles individuels à des actions collectives finalisées, en désignant les interférences entre les niveaux d'appropriation des objets didactiques, pédagogiques, des objets techniques et des objets sociaux en jeu dans les environnements actuels. De ce point de vue, cette notion s'inscrit assez naturellement dans la mouvance de la théorie de l'activité (Engeström, 1987), vers laquelle de nombreux travaux sur les usages pédagogiques des TIC convergent désormais.

Index des auteurs

Aaron, 105
Abdallah-Pretceille, 71
Acosta, 105
Anandarajan, 105

Baillé, 35, 51, 118
Baluteau, 77, 78
Baron, 10, 16, 18, 22, 30
Barthly, 38
Bates, 53, 59
Beattie, 62
Bender, 105
Bérard, 96
Bernard, 59
Berthelot, 116, 117
Bilal, 104
Bilau, 30
Birrien, 16
Biswas, 95
Borella, 105
Boyer, 94
Braun, 18, 23, 27
Breton, 16
Brief, 70
Bronckart, 32
Bruillard, 10, 22

Cano, 71
Caro, 39
Chamoei-Chen, 106
Chandler, 70
Chaparro, 105
Charlier, 112
Chung, 104
Clark, 29
Clyde, 105
Cohen, 94
Conseil National des Programmes, 14
Coste, 59
Cuban, 98
Czerwinski, 106

Dalgleish, 104, 105
Dargirolle, 96
Darnige, 25, 53, 58
De Pembroke, 60

De vries, 10, 24
Deflem, 70
Delclaux, 94
Demaizière, 59
Depover, 30
Dessus, 35, 51
Dieuzeide, 10
Dinet, 87, 88
Dorr, 104
Dubuisson, 59
Duru-Bellat, 77

Engeström, 120
Esch, 59, 60

Fisher, 104
Flaherty, 54
Ford, 105
Frindte, 73, 96
Fulford, 30

Gavelle, 60
Giroux, 71, 76, 94, 96
GIS Ens. sup. sur més. médiatisé, 58
Glasman, 97
Glikman, 30
Goldman, 95
Gonon, 38
Goodfellow, 32, 53, 60, 61, 63
Goulding, 105

Hadji, 118
Hagendoorn, 70
Hall, 104, 105
Haymore Sandholtz, 69
Heimrath, 105
Henri, 53
Herzog, 45
Hirsh, 104
Hopkins, 71
Hsipeng, 105
Hufschmitt, 23
Hugon, 94
Huici, 71

Igbaria, 105

Jacko, 105
Jacquinot, 27, 57
Jefferson, 62
Jézégou, 59

Kaplan, 90
Keegan, 58
Kerbrat-Orecchioni, 58, 61, 62
Kipnis, 104
Klobas, 105
Köhler, 73, 96
Kötter, 68
Kozma, 29

Langouet, 86
Laporte, 105
Lautenschlager, 54
Lea, 70
Leblanc, 112
Lee, 70
Lehnsich, 26
Lemaire, 35, 51
Lesec, 39
Lévy, 16, 58
Lin, 105
Linard, 70, 83

Macredie, 106
Marchionini, 105
Marot, 25, 53 58
Marquet, 23, 35, 38, 45, 55, 68, 78, 87, 88
Martin, 54
Matheson, 54
Merle, 77
Miller, 105
Millerand, 71, 76, 94, 96
Minc, 16, 27
Ministère de l'Éducation Nationale, 20
Montandon, 95
Moore, 59
Mucchielli, 18, 22

Nagao, 54
Nissen, 55, 78, 88
Nora, 16, 27
Noser, 95

O'Conaill, 31, 61, 62, 68
Owyer, 69

Pampel, 70
Papadoudi, 27
Peraya, 53
Perrenoud, 95
Perriault, 21
Petit, 112
Picard, 18, 23, 27
Piette, 71, 76, 94, 96

Pons, 71, 76, 94, 96
Porlier, 86
Portelli, 62
Pouts-Lajus, 21
Pouzard, 10
Poyet, 29
Pratto, 70
Premier Ministre, 19

Rabardel, 83, 84
Riché-Magnier, 21
Ringstaff, 69
Roberts-Young, 70
Romby, 92
Ros, 71
Rutter, 31, 60, 68

Sacks, 62
Schacter, 104
Schegloff, 62
Schmidt, 106
Schulman, 93
Sears, 105
Sekikawa, 105
Sellen, 30, 63, 68
Selvidge, 105
Shield, 68
Shuman, 104
Sidanius, 70
Simmers, 105
Spears, 70
Springer, 62
Stevens, 68
Suckfüll, 73, 96
Suler, 103

Tardy, 91
Thorpe, 30
Traverso, 58, 61, 62
Turkle, 70

Valcke, 30
Van Zanten, 97
Vogel, 78
Voss, 106
Vuorikari, 9

Wagner, 59
Walther, 54, 70
Wang, 106
Watson, 104
Watzlawick, 51
Whittaker, 31, 61, 62, 68
Wilbur, 31, 61, 62, 68

Zanna, 54
Zech, 95
Zhang, 30

Liste et détails des sigles

1ʳᵉ L, S, ES et STT : 1ʳᵉ Littéraire, Scientifique, Economique et Social, Sciences et Techniques du Tertiaire
ACOT : Apple Classrooms Of Tomorrow
B2I : Brevet Informatique et Internet
BEP : Brevet d'Études Professionnelles
CDI : Centre de Documentation et d'Information
CD-ROM : Compact Disc Read Only Memory
CII : Compagnie Internationale pour l'Informatique
CMC : Computer Mediated Communication
DEUG : Diplôme d'Enseignement Universitaire Général
DVD-ROM : Digital Versatile Disc Read Only Memory
EAD : Enseignement à Distance
EAO : Enseignement Assisté par Ordinateur
EIAH : Environnement Informatique pour l'Apprentissage Humain
EIAO : Environnement Interactif d'Apprentissage par Ordinateur
ENT : Espace Numérique de Travail
ENTAP : Environnement Numérique de Travail et d'Apprentissage Partagé
EPI : Enseignement Public et Informatique
ESV : Établissement Scolaire Virtuel
FAD : Formation à Distance
FING : Fédération Internet Nouvelle Génération
GIS : Groupement d'Intérêt Scientifique
HTML : HyperText Markup Language
IBM : International Business Machine
INPI : Institut National de la Propriété Industrielle
IN-TELE : INternet-based TEaching and LEarning
IPT : Informatique Pour Tous
IUFM : Institut Universitaire de Formation des Maîtres
LSE : Langage Symbolique d'Enseignement
MAFPEN : Mission Académique à la Formation des Personnels de l'Éducation Nationale
PC : Personal Computer
RIP : Reconnu d'Intérêt Pédagogique
SIDA : Syndrome Immuno-Déficitaire Acquis
T S, L : Terminale Scientifique, Littéraire
TIC : Technologies de l'Information et de la Communication
VIH : Virus de l'Immunodéficience Humaine

Glossaire choisi

Affordance : L'usage effectif d'un logiciel sera largement déterminé par ses affordances. Le terme affordance réfère aux propriétés réelles et perçues qui déterminent comment un objet peut potentiellement être utilisé. Un objet bien conçu invite à son utilisation appropriée : une porte invite à l'ouvrir, une chaise à s'asseoir. Une affordance permet à l'utilisateur de se servir d'un objet sans explication. Ainsi, la troisième voie d'évaluation est de jauger des logiciels sur les affordances effectivement présentes. Bien que l'ordinateur ait des affordances potentielles de calcul et de visualisation, de manipulation de représentations externes et de collaboration, l'affordance dans un contexte donné dépendra des caractéristiques du logiciel et de la situation d'utilisation (De Vries, 2001 ; p. 114).

Artefact : Le terme d'objet technique est porteur d'une orientation technocentrée qui rend difficile d'autres approches, notamment anthropocentrique. Nous proposons d'utiliser la notion d'artefact comme terme alternatif, neutre, permettant de penser différents types de relation du sujet à l'objet ou au système anthropotechnique : comme structure technique, dispositif fonctionnant, instrument... Soulignons qu'au-delà des objets matériels, la notion d'artefact inclut les objets symboliques (Rabardel, 1995 ; p. 11).

Cartable numérique : C'est un ensemble de services et de contenus éducatifs placés sur une plate-forme accessible quel que soit le type de terminal informatique, poste fixe ou nomade, depuis le collège, le domicile ou un point d'accès public. [...] Ce bureau virtuel est destiné aux élèves, à leurs enseignants et à leurs parents [et] on y trouvera des informations sur le collège, les outils quotidiens de l'élève (carnet de notes, de correspondance, agenda, productions propres), des contenus pédagogiques produits par les éditeurs et par les enseignants (Kaplan, 2002 ; p. 16).

Catachrétique/catachrèse : Le terme de catachrèse est emprunté à la linguistique et à la rhétorique, où il désigne l'usage d'un mot au-delà de son acception propre, ou à la place d'un autre. Par extension, l'idée a été transposée dans le champ de l'outillage pour désigner l'utilisation d'un outil à la place d'un autre ou l'utilisation d'outils pour des usages pour lesquels il ne sont pas conçus (Rabardel, 1995; p. 123).

Dispositif : Un dispositif est une instance, un lieu social d'interaction et de coopération possédant ses intentions, son fonctionnement et ses modes d'interactions propres. L'économie d'un dispositif — son fonctionnement —, déterminé par les intentions, s'appuie sur l'organisation structurée de moyens matériels, technologiques, symboliques et relationnels, naturels et artificiels qui mobilisent, à partir de leurs caractéristiques propres, les comportements et les conduites sociales, cognitives, affectives des sujets. [...] Tous les dispositifs de communication médiatisée, tous les médias, des plus anciens — l'écriture, par exemple — aux plus contemporains — le Web, le réseau Internet, le cyberespace —, constituent des dispositifs et plus particulièrement des dispositifs techno-sémiopragmatiques. [...] Un dispositif techno-sémiopragmatique (DTSP) est l'ensemble des interactions auxquelles donne lieu tout média, toute machine à communiquer, toute technologie de l'information et de la communication entre les trois univers techniques, sémiotiques, enfin social ou relationnel. Les TIC se constituent en effet à la frontière de ces trois univers (Peraya, 2000; p. 22).

Hypermédia : L'idée d'hypermédia est une simple généralisation de l'hypertexte. Dans un hypermédia, le lecteur peut non seulement cliquer sur les mots pour circuler entre les multiples composantes textuelles du document, mais il peut faire de même avec des portions d'image ou des segments de bande sonore (Pouts-Lajus & Riché-Magnier, 1998; p. 100).

Hypertexte : Inventé par T. Nelson, promu par D. Engelhart et V. Bush, le concept d'hypertexte a vite acquis une grande popularité dans le milieu de l'informatique, puis dans le grand public. Tout commence avec un texte affiché à l'écran. Si le lecteur souhaite approfondir le sens d'un mot, il le désigne à l'aide de la souris et une information complémentaire s'affiche. Un autre clic sur un autre mot et c'est un autre document qui apparaît, lié au précédent. Dans un Hypertexte, le lecteur construit son parcours de lecture en choisissant, parmi les multiples bifurcations et circulations possibles, celles qu'il souhaite, celles qui lui conviennent, celles grâce auxquelles il donne sens au message (Pouts-Lajus & Riché-Magnier, 1998; p. 100).

Informatique : Le mot informatique a été créé en France en 1962 par M. Dreyfus. C'est l'amalgame des deux mots information et électronique. Ce terme n'existe pas dans les autres langues, les Anglo-Saxons utilisant l'expression *data processing* qui veut dire traitement des données. En 1967, l'Académie Française en a donné la définition suivante : «Science du traitement rationnel, notamment à l'aide de machines automatiques, de l'information, considérée comme le support de connaissances dans les domaines scientifique, économique et social» (Birrien, 1990; p. 3; Baron, 1989, p. 39).

Instrument : Un instrument est formé de deux composantes :
– d'une part, un artefact, matériel ou symbolique, produit par le sujet ou par d'autres;
– d'autre part, un ou des schèmes d'utilisation associés, résultant d'une construction propre du sujet, autonome ou d'une appropriation de schèmes sociaux d'utilisation déjà formés, extérieurs à lui.
[...] Une telle définition de l'instrument permet de dépasser l'apparente contradiction qui pouvait apparaître entre les analyses et recherches qui donnent exclusivement le statut d'instrument, soit à des objets externes au sujet (des artefacts), soit qui réservent le statut d'instrument pour les schèmes du sujet. Ces deux options symétriques aboutissant l'une et l'autre à la quasi-négation d'une des deux composantes de l'entité instrumentale (Rabardel, 1995; p. 118).

Instrumentation/instrumentalisation : Nous utiliserons le terme d'instrumentation, en accord avec l'usage qui apparaît dominant, pour désigner les aspects du processus de genèse instrumentale orienté vers le sujet lui-même. Nous réservons celui d'instrumentalisation pour les processus dirigés vers l'artefact :
– les processus d'instrumentalisation concernent l'émergence et l'évolution des composantes artefact de l'instrument : sélection, regroupement, production et institution de fonction, détournement et catachrèses, attribution de propriétés, transformation de l'artefact (structure, fonctionnement, etc.), qui prolongent les créations et réalisations d'artefacts dont les limites sont de ce fait difficiles à déterminer.
– les processus d'instrumentation sont relatifs à l'émergence et à l'évolution des schèmes d'utilisation et d'action instrumentée : constitution, fonctionnement par accommodation, coordination, combinaison, inclusion et assimilation réciproque, l'assimilation d'artefacts nouveaux à des schèmes déjà constitués (Rabardel, 1995; p. 137).

Interactivité : Le concept d'interactivité a d'abord été développé dans les recherches en télécommunication des années 60, mais il a été popularisé dès 1986 par l'usage de la micro-informatique, puis du minitel, et maintenant du CD-ROM. On considère qu'il y a interactivité simplement lorsqu'une machine réagit à l'intervention de l'opérateur par l'intermédiaire d'un clavier, d'une souris, d'une manette, voire de son doigt (écran digital). L'interactivité se situe donc entre l'automatisation et l'autonomie de la machine. À la passivité, à laquelle est réduit l'utilisateur devant la machine, comme le récepteur de télévision, elle oppose l'initiative de l'utilisateur qui, par exemple, dans le cas du vidéodisque, peut choisir ses images. Il s'agit là d'un progrès majeur. Les spécialistes estiment que l'interactivité doit être distinguée de l'interaction, qui décrit la relation entre des systèmes vivants équivalents [...]. L'interactivité implique une conversation entre l'homme et la machine qui est de nature inégale (Dieuzeide, 1994 ; p. 30). L'individu qui apprend doit être doté de possibilités multiples de navigation, d'accès et de cheminement à travers l'univers artificiel défini par le concepteur. Les indices fournis à l'apprenant pour lui permettre d'accéder à l'information en allant là où elle se trouve (par exemple, un détail d'une image) approfondissent encore le concept d'interactivité par la création de moyens d'échanges, d'interfaces plus transparentes et plus conviviales. L'interactivité représente l'élément qui devrait permettre à l'apprenant de manipuler ou de transformer les objets que le concepteur aura définis dans telle ou telle situation d'apprentissage interactif en construisant une compréhension et un cheminement personnels (Depover *et al.*, 1998 ; p 95).

Internet : Internet est un réseau grande distance de couverture mondiale (WAN : Wide Area Network). Les réseaux comportent une partie matérielle (ordinateurs, terminaux, cartes d'interface réseau, câbles, etc.), une partie logicielle (applications, programmes de gestion du réseau, systèmes de sécurité, etc.) et une composante humaine, constituée d'une part des techniciens et des gestionnaires chargés de la mise en œuvre du réseau, d'autre part des clients du réseau, c'est-à-dire des utilisateurs des services offerts par le réseau (Dufour, 1997 ; p. 4).

Intranet : On parle d'Intranet pour un réseau d'ordinateurs utilisant le protocole Internet et l'ensemble des ses applications, mais dont l'accès est limité, par exemple aux ordinateurs d'une même entreprise. On peut imaginer connecter l'ensemble des établissements scolaires d'un pays ou d'une région sur un Intranet spécifique à l'éducation. Depuis ce réseau protégé, il sera néanmoins possible de prévoir une passerelle d'accès vers le réseau mondial Internet qui aurait l'avantage d'être contrôlé de l'intérieur (Pouts-Lajus & Riché-Magnier, 1998 ; p. 211).

Modèle : Le modèle n'est rien d'autre que sa fonction ; et sa fonction est une fonction de délégation. Le modèle est un intermédiaire à qui nous déléguons la fonction de connaissance, plus précisément de réduction de l'encore-énigmatique, en présence d'un champ d'étude dont l'accès, pour des raisons diverses, nous est difficile (Bachelard, 1979 ; p. 3).

Média : Les médias sont des modes d'expression et de communication basés sur la technologie, qui donnent naissance à travers leur utilisation à de nouveaux systèmes symboliques ou à un ensemble nouveau de systèmes de symboles. Il suffit de penser à l'utilisation, de plus en plus répandue, des symboles d'avance rapide, pause, recul, propres aux magnétoscopes et aux télécommandes utilisés dans de multiples situations [...]. L'utilisation des médias dans les activités d'apprentissage exige une coordination entre les systèmes symboliques des médias, les habiletés mentales des apprenants et les processus à stimuler en vue de l'acquisition des connaissances et du développement des habiletés (Depover *et al.*, 1998; p. 160).

Médiatisation/médiation : Retenons pour l'instant que le processus de médiatisation et de médiation, portant respectivement sur les contenus et la relation, sont la conséquence de la rupture spatio-temporelle propre à l'enseignement à distance et de la désynchronisation fondamentale entre les activités d'enseignement et le processus d'apprentissage (Peraya, 2000; p. 21).

Micro-monde : Les applications appelées micro-mondes se présentent comme des outils de construction individuelle des connaissances par découverte. Ces logiciels créent des environnements d'action dans lesquels l'élève s'engage librement, exerce sa créativité, exprime ses intentions et ses interrogations, les conforte avec celles de l'auteur ou d'autres utilisateurs. L'élève peut faire varier différents paramètres, juger des effets produits ou les anticiper. Il peut ainsi progressivement découvrir les lois qui régissent le fonctionnement des phénomènes ou des systèmes simulés (Pouts-Lajus & Riché-Magnier, 1998; p. 85).

Multimédia : Ensemble de possibilités de communication étroitement intégrées dont la cohérence d'ensemble est apportée par le système informatique qui en assure la gestion. En effet, les développements actuels de l'informatique permettent de combiner très souplement des informations aussi diverses que des textes, des dessins, des graphiques, des images, de la vidéo, du son... pour les présenter à partir d'un support de visualisation unique constitué par l'écran de l'ordinateur ou le téléviseur. Cette intégration totale des possibilités de communication, longtemps réparties entre des médias distincts, est aujourd'hui permise par l'unification du système de codage de l'information (Depover *et al.*, 1998; p. 12).

Ordinateur : Le mot ordinateur apparaît en 1955 dans la langue française. À cette époque, un constructeur de matériel américain avait demandé à un professeur de lettres, J. Perret, de traduire l'expression *electronic data processing machine* qui veut dire machine électronique de traitement des données. Le traducteur avait alors retenu le mot ordinateur parce qu'au Moyen Âge, Dieu était le grand ordinateur, celui qui mettait de l'ordre dans le monde. Il remettait en usage un terme qui était inusité depuis six siècles (Birrien, 1990; p. 4; Baron, 1989, p. 39).

Usagers : Nous avons employé le terme d'usagers et non pas d'utilisateurs et cette distinction mérite un éclaircissement. Pour sa part, l'utilisateur a, surtout en informatique, une connotation plus technique qui rend mal compte des différents aspects liés au concept d'usager. D'un côté, on ne demande pas son avis à un usager pour mettre à sa disposition, voire lui imposer, un environnement technologique. De l'autre, il ne se contente pas toujours d'être un simple consommateur, et souvent, il revendique un rôle plus créatif et contribue à l'émergence de nouveaux modes d'usage. De plus, les usagers se caractérisent par la conscience d'appartenir à un groupe d'intérêt commun, doté de droits qu'il convient de faire respecter. Dans le domaine de la technologie, c'est la notion d'interactivité qui met l'accent sur la part de contrôle et d'initiative qui est permise à l'usager (Baron & Bruillard, 1996; p. 94).

Références bibliographiques

ABDALLAH-PRETCEILLE, M. (1996). *Vers une pédagogie interculturelle.* Paris, Anthropos.
ANANDARAJAN, M., SIMMERS, C., IGBARIA, M. (2000). An exploratory investigation of the antecedents and impacts of Internet usage : An individual perspective. *Behaviour and Information Technology, 19,* 1, 69-85.
BACHELARD, S. (1979). Quelques aspects historiques des notions de modèle et de justification de modèles. In P. DELATTRE & M. THELLIER (Eds), *Élaboration et justification de modèles.* Paris, Maloine, 3-18.
BALUTEAU, F. (1993). *Le conseil de classe : peut mieux faire!* Paris, Hachette.
BARON, G.-L. (1989). *L'informatique discipline scolaire? Le cas des lycées.* Paris, PUF.
BARON, G.-L., BRUILLARD, E. (1996). *L'informatique et ses usagers dans l'éducation.* Paris, PUF.
BATES, A.W. (1995). *Technology, open learning and distance education.* London, Routledge.
BEATTIE, G. (1983). *Talk. An analysis of speech and non-verbal behaviour in conversation.* Milton Keynes, Open University Press.
BÉRARD, E. (1991). *L'approche communicative, théorie et pratiques.* Paris, CLE international.
BERNARD, M. (1999). *Penser la mise à distance en formation.* Paris, L'Harmattan.
BERTHELOT, J.-M. (1990). *L'intelligence du social.* Paris, PUF.
BILAL, D. (1998). Children's search processes in using World Wide Web search engines : An exploratory study. *Proceedings of the 60th Annual Meeting of the American Society for Information Science,* 45-53.
BIRRIEN, J.-Y. (1990). *Histoire de l'informatique.* Paris, PUF.
BOYER, R., DELCLAUX, M. (1995). *Des familles face au collège.* Paris, INRP.
BRETON, P. (1987). *Histoire de l'informatique.* Paris, La Découverte.
BRONCKART, J.-P. (1994). *Le fonctionnement des discours.* Lausanne, Delachaux & Niestlé.
CARO, M., LESEC, F. (1989). *Biologie 3e.* Paris, Magnard.
CHANDLER, D., ROBERTS-YOUNG, D. (1999). The construction of identity in adolescent personal home pages. In P. MARQUET, S. MATHEY, A. JAILLET, E. NISSEN (Eds), *Internet-Based Teaching and Learning (IN-TELE) 98.* Frankfurt am Main, Peter Lang, 461-466.
CHAOMEI-CHEN, M., CZERWINSKI, M., MACREDIE, R. (2000). Individual differences in virtual environments : Introduction and overview. *Journal of the American Society for Information Science, 51,* 6, 499-507.
CHARLIER, B., LEBLANC, R., PETIT, V. (1994). Un EDIPO, comment ça se vit en classe? In P. BORDELEAU (Ed.), *Des outils pour apprendre avec l'ordinateur,* Montréal, Editions Logiques, 83-102.
CLARK, R.E. (1983). Reconsidering research on learning from media. *Review of Educational Research, 53,* 4, 445-459.
— (1994). Media will never influence learning. *Educational Technology Research and Development, 42,* 2, 21-29.

COHEN, A., HUGON, M.-A. (1996). *Nouveaux lycéens, nouveaux pédagogues*. Paris, L'Harmattan.

CONSEIL NATIONAL DES PROGRAMMES (2002a). *Qu'apprend-on à l'école élémentaire : les nouveaux programmes*. Paris, CNDP/XO éditions.

— (2002b). *Qu'apprend-on au collège : pour comprendre ce que nos enfants apprennent*. Paris, CNDP/XO éditions.

COSTE, D. (1999). Une distance si proche. *Études de Linguistique Appliquées*, 113, 5-12.

CUBAN, L. (1993). Computers meet classroom : classrooms wins. *Teachers College Records*, 95, 2, 185-210.

DALGLEISH, A., HALL, R. (2000). Uses and perceptions of the World Wide Web in an information-seeking environment. *Journal of Librarianship and Information Science*, 32, 3, 104-116.

DARGIROLLE, F. (1999). L'évolution de la conception de l'observation de classes en didactique des langues étrangères. *Études de Linguistique Appliquée*, 114, 141-152.

DE VRIES, E. (2001). Les logiciels d'apprentissage : panoplie ou éventail? *Revue Française de Pédagogie*, 137, 105-116.

DEFLEM, M., PAMPEL, F.C. (1996). The myth of postnational identity : Popular support for European unification. *Social Forces*, 75, 1, 119-143.

DEMAIZIÈRE, F., DUBUISSON, C. (1992). *De l'EAO aux NTF : utiliser l'ordinateur pour la formation*. Paris, Éditions Ophrys.

DEPOVER, C., BILAU, D. (1994). Analyse cognitive de l'efficacité de trois formes d'un cours de géométrie assisté par l'ordinateur et le vidéodisque interactif. *Sciences et Techniques Éducatives*, 1, 1, 53-70.

DEPOVER, C., GIARDINA, M., MARTON, P. (1998). *Les environnements d'apprentissage multimédia*. Paris, L'Harmattan.

DIEUZEIDE, H. (1994). *Les nouvelles technologies : outils d'enseignement*. Paris, Nathan.

DINET, J., MARQUET, P., NISSEN, E. (2003). Why, where and how do you find information on the Web? An exploratory study about adolescent's perceptions. *Journal of Computer Assisted Learning*, 19, 4, 538-545.

DUFOUR, A. (1998). *Internet*. Paris, PUF.

DURU-BELLAT, M. (1988). *Le fonctionnement de l'orientation : genèse des inégalités sociales à l'école*. Lausanne, Delachaux & Niestlé.

— (1997). École : l'inégalité des parcours. *Sciences Humaines*, 72, 28-31.

ENGESTRÖM, Y. (1987). *Learning by expanding. An activity theoretical approach to developmental research*. Helsinki, Orienta-Consultit Oy.

ESCH, E.M. (1995). Exploring the concept of distance for language learning. *ReCALL*, 7, 1, 5-11.

FISHER, S. (1995). The amusement arcade as a social space for adolescents : An experimental study. *Journal of Adolescence*, 18, 1, 71-86.

FORD, N., MILLER, D., N., M. (2001). The role of individual differences in Internet searching : An empirical study. *Journal of the American Society for Information Science and Technology*, 52, 12, 1049-1066.

GAVELLE, G., DE PEMBROKE, E. (1999). Formation à distance : de quelle(s) distance(s) s'agit-il? *Études de Linguistique Appliquées*, 113, 105-112.

GIS ENSEIGNEMENT SUPÉRIEUR SUR MESURE MÉDIATISÉ (2000). *La visioconférence : usages, stratégies, moyens*. Paris, GEMME.

GLASMAN, D. (2001). *L'accompagnement scolaire. Sociologie d'une marge de l'école*. Paris, PUF.

GLIKMAN, V., BARON, G.-L. (1991). Médias, multi-médias, technologies et formation à distance. *Perspectives Documentaires en Éducation*, 24, 63-93.

GOLDMAN, S.R., ZECH, L.K., BISWAS, G., NOSER, T., THE COGNITION AND TECHNOLOGY GROUP AT VANDERBILT (1999). Computer technology and complex problem-solving : issues in the study of complex cognitive activity. *Instructional Science, 27*, 235-268.

GONON, M., MARQUET, P., BARTHLY, C. (1997). Off-line multimedia : two studies of what it should not be, *ECER 97*. Frankfurt. EERA, 98.

GOODFELLOW, R. (1996). Face to face language learning at a distance? A study of a videoconference try-out. *ReCALL, 7*, 1, 20-35.

HADJI, C., BAILLÉ, J. (Eds) (1998). *Recherche et éducation : vers une nouvelle alliance*. Bruxelles, De Boeck.

HAGENDOORN, L. (1991). Determinants and dynamics of national stereotypes. *Politics and the Individual, 1*, 2, 13-26.

HAYMORE SANDHOLTZ, J., RINGSTAFF, C., OWYER, D.C. (1997). *La classe branchée*. Paris, CNDP.

HEIMRATH, R., GOULDING, A. (2001). Internet perception and use : A gender perspective. *Program, 35*, 2, 119-134.

HENRI, F. (1989). Distance learning and Computer Mediated Communication : interactive quasi-learning or monologue? In C. O'MALLEY (Ed.), *Computer supported collaborative learning*. Heidelberg. Springer Verlag, 145-161.

HIRSH, S.G. (2000). Children's relevance criteria and information seeking on electronic resources. *Journal of the American Society for Information Science, 50*, 14, 1265-1283.

HUFSCHMITT, B. (1989). Choix pédagogiques en usage en EAO. *Bulletin de l'EPI, 53*, 209-229.

HUICI, C., ROS, M., CANO, I., HOPKINS, N. (1997). Comparative identity and evaluation of socio-political change : Perceptions of the European Community as a function of the salience of regional identities. *European Journal of Social Psychology, 27*, 7, 97-113.

JACKO, J.A., SEARS, A., BORELLA, M.S. (2000). The effect of network delay and media on user perceptions of web resources. *Behaviour and Information Technology, 19*, 6, 427-439.

JACQUINOT, G. (1977). *Image et pédagogie*. Paris, PUF.

— (1993). Apprivoiser la distance et supprimer l'absence? ou les défis de la formation à distance. *Revue Française de Pédagogie, 102*, 55-67.

JÉZÉGOU, A. (1998). *La formation à distance : perspectives et limites de l'individualisation*. Paris, L'Harmattan.

KAPLAN, D. (2002). *Les cartables électroniques*. Paris, FING.

KEEGAN, D. (1996). *Foundations of distance education* (3rd ed.). London, Routledge.

KERBRAT-ORECCHIONI, C. (1992). *Les interactions verbales* (Vol. 2). Paris, Armand Colin.

— (1998). *Les interactions verbales : approche interactionnelle et structure des conversations* (3ᵉ éd. Vol. 1). Paris, Armand Colin.

KLOBAS, J.E., CLYDE, L.A. (2000). Adults learning to use the Internet : A longitudinal study of attitudes and other factors associated with intended Internet use. *Library and Information Science Research, 22*, 1, 5-34.

KÖTTER, M., SHIELD, L., STEVENS, A. (1999). Real-time audio and e-mail for fluency : promoting distance language learner's aural and oral skills via the Internet. *ReCALL, 11*, 2, 55-60.

KOZMA, R.B. (1991). Learning with media. *Review of Educational Research, 61*, 2, 179-211.

— (1994). Will media influence learning? Reframing the debate. *Educational Technology Research and Development, 42*, 2, 7-19.

LANGOUET, G., PORLIER, J.-C. (1998). *Mesure et statistique en milieu éducatif.* Paris, ESF.
LAUTENSCHLAGER, G.J., FLAHERTY, V.L. (1990). Computer administration of questions : more desirable or more social desirability? *Journal of Applied Psychology, 75,* 3, 310-314.
LEHNSICH, J.-P. (1984). *L'enseignement à distance.* Paris, PUF.
LEMAIRE, B., DESSUS, P., BAILLÉ, J. (1998). The teacher discourse at a distance : lexical, morphosyntactical and pragmatic aspects. *International Journal of Educational Telecommunications, 4,* 4, 367-381.
LEMAIRE, B., MARQUET, P., BAILLÉ, J. (1996). Comparative analysis of teacher's discourse and students' behavior in traditionnal and distance lectures. In P. CARLSON & F. MAKEDON (Eds), *Proceedings of the ED-TELECOM 96.* Charlottesville. AACE, 167-172.
LÉVY, P. (1990). *Les technologies de l'intelligence.* Paris, La Découverte.
— (1997). *Cyberculture.* Paris, Odile Jacob.
LIN, J.C., HSIPENG, L. (2000). Towards an understanding of the behavioural intention to use a web site. *International Journal of Information Management, 20,* 3, 197-218.
LINARD, M. (1996). *Des machines et des hommes : apprendre avec les nouvelles technologies.* Paris, L'Harmattan.
— (2002). Conception de dispositifs et changement de paradigme en formation. *Éducation Permanente,* 152, 143-155.
MARCHIONINI, G. (1995). *Information seeking in electronic environments.* Cambridge, Cambridge University Press.
MAROT, J.-C., DARNIGE, A. (1996). *La téléformation.* Paris, PUF.
MARQUET, P. (1998). Pour passer vraiment des NTC aux NTE. *Cahiers Pédagogiques, 53,* 362, 31-32.
— (2001). Impact d'Internet auprès des lycéens. *Cahiers Pédagogiques,* 396, 27-29.
MARQUET, P., DINET, J. (2004). Les premiers usages d'un cartable numérique par les membres de la communauté scolaire : un exemple en lycée. *Revue Française de Pédagogie,* 146, 79-90.
MARQUET, P., HERZOG, L. (1999). Le comportement d'auditeur en situation d'enseignement vidéo-différé et ses conséquences sur la vidéo synchrone ou asynchrone en ligne ou hors ligne. In P. MARQUET, S. MATHEY, A. JAILLET, E. NISSEN (Eds), *Internet-Based Teaching and Learning (IN-TELE) 98.* Frankfurt am Main. Peter Lang, 425-430.
MARQUET, P., NISSEN, E. (2003). La distance en formation aux langues par visioconférence : dimensions, mesures, conséquences. *Apprentissage des Langues et Systèmes d'Information et de Communication,* 6, 2, 3-19.
MARQUET, P., VOGEL., C., NISSEN, E. (2000). Des classes multimédias au lycée : effets sur les acquisitions et l'orientation des élèves. *La Revue de l'EPI,* 100, 171-179.
MARTIN, C.L., NAGAO, D.H. (1989). Some effects of computerized interviewing on job applicant responses. *Journal of Applied Psychology, 74,* 1, 72-80.
MATHESON, K., ZANNA, M.P. (1989). Persuasion as a function of self-awareness in computer-mediated communication. *Social Behaviour, 4,* 2, 99-111.
MERLE, P. (1996). *L'évaluation des élèves : enquête sur le jugement professoral.* Paris, PUF.
MINISTÈRE DE L'ÉDUCATION NATIONALE (1985). *Informatique pour tous : documents pour une formation.* Paris, CNDP.
MONTANDON, C., PERRENOUD, P. (1994). *Entre parents et enseignants : un dialogue impossible?* Berne, Peter Lang, 2e édition augmentée.
MOORE, M.G. (1993). The theory of transactional distance. In D. KEEGAN (Ed.), *Theoretical principles of distance education.* London. Routledge, 22-38.

MUCCHIELLI, A. (1987). *L'enseignement par ordinateur*. Paris, PUF.

NORA, S., MINC, A. (1978). *L'informatisation de la société : rapport à M. le Président de la République*. Paris, La Documentation Française.

O'CONAILL, B., WHITTAKER, S., WILBUR, S. (1993). Conversation over video conferences : an evaluation of the spoken aspects of video-mediated communication. *Human-Computer Interaction, 8*, 389-428.

PAPADOUDI, H. (2000). *Technologies et éducation : contribution à l'analyse des politiques publiques*. Paris, PUF.

PERAYA, D. (2000). Le cyberespace : un dispositif de communication et de formation médiatisée. In S. ALAVA (Ed.), *Cyberespace et formations ouvertes. Vers une mutation des pratiques de formation?*, Bruxelles, De Boeck, 17-44.

PERRIAULT, J. (1996). *La communication du savoir à distance*. Paris, L'Harmattan.

PICARD, M., BRAUN, G. (1987). *Les logiciels éducatifs*. Paris, PUF.

PONS, C.-M., PIETTE, J., GIROUX, L., MILLERAND, F. (1999). *Les jeunes québécois et Internet : représentations, utilisation et appropriation*. Québec, Ministère de la Culture et des Communications, Gouvernement du Québec.

PORTELLI, P. (1996). Médiations éducatives et aides à l'autoformation. *Les Sciences de l'Éducation pour l'Ère Nouvelle, 29*, 1-2.

POUTS-LAJUS, S., RICHÉ-MAGNIER, M. (1998). *L'école à l'heure d'Internet*. Paris, Nathan.

POUZARD, G. (1999). Nouvelles technologies, nouvelle école? In P. MARQUET, S. MATHEY, A. JAILLET, E. NISSEN (Eds), *Internet-Based Teaching and Learning (INTELE) 98*. Frankfurt am Main. Peter Lang, 425-430.

POYET, F. (1998). Format de présentation et complémentarité modale dans les logiciels éducatifs. *Sciences et Techniques Educatives, 5*, 3, 245-262.

PREMIER MINISTRE (1985). *Informatique pour tous : mise en œuvre et développement*. Paris, CNDP.

RABARDEL, P. (1995). *Les hommes et les technologies. Approche cognitive des instruments contemporains*. Paris, Armand Colin.

ROMBY, A. (2003). Le cartable électronique : un exemple d'expérimentation dans un collège. In J.-M. BALDNER, G.-L. BARON, É. BRUILLARD (Eds), *Les manuels à l'heure des technologies*, Paris, INRP, 159-175.

RUTTER, D.R. (1984). *Looking and seeing. The role of visual communication in social interaction*. Chichester, Wiley.

— (1987). *Communicating by telephone*. Oxford, Pergamon press.

SACKS, H., SCHEGLOFF, E., JEFFERSON, G. (1978). A simplest systematics for the organization of turn talking for conversation. In J. SCHENKEIN (Ed.), *Studies in the organization of conversational interaction*. London & New York. Academic Press, 7-56.

SCHACTER, J., CHUNG, G., DORR, A. (1998). Children's Internet searching on complex problems : Performance and process analysis. *Journal of the American Society for Information Science, 49*, 840-849.

SCHMIDT, W.C. (1997a). World Wide Web survey research made easy with WWW Survey Assistant. *Behavior Research Methods, Instruments & Computers, 29*, 303-305.

— (1997b). World Wide Web survey research : Benefits, potential problems, and solutions. *Behavior Research Methods, Instruments & Computers, 29*, 274-279.

SEKIKAWA, A., AARON, D.J., ACOSTA, B., LAPORTE, R.E. (2001). Does the perception of downloading speed influence the evaluation of web-based lectures? *Public Health, 115*, 2, 152-156.

SELLEN, A.J. (1995). Remote conversations : the effects of mediating talk with technology. *Human-Computer Interaction, 10*, 401-444.

SELVIDGE, P.R., CHAPARRO, B.S., BENDER, G.T. (2002). The World Wide Wait : Effects of delays on user performance. *International Journal of Industrial Ergonomics*, *29*, 1, 15-20.

SHULMAN, L.S. (1986). Paradigms and research programs in the study of teaching : a contemporary perspective. In M.C. WITTROCK (Ed.), *Handbook of research on teaching*. New York. McMillan, 3-36.

SHULMAN, S., KIPNIS, O. (2001). Adolescent romantic relationship : A look from the future. *Journal of Adolescence*, *24*, 3, 337-351.

SIDANIUS, J., PRATTO, F., BRIEF, D. (1995). Group dominance and the political psychology of gender : A cross-cultural comparison. *Political Psychology*, *16*, 2, 381-396.

SPEARS, R., LEA, M. (1992). Social influence and the influence of the «social» in computer-mediated communication. In M. LEA (Ed.), *Contexts of computer-mediated communication*. New York. Harvester Weatsheaf, 30-65.

SPEARS, R., LEA, M., LEE, S. (1990). De-individuation and group polarization in computer-mediated communication. *British Journal of Social Psychology*, *29*, 2, 121-134.

SPRINGER, C. (1996). *La didactique des langues face aux défis de la formation des adultes*. Paris, Édition Ophrys.

SUCKFÜLL, M., FRINDTE, W., KÖHLER, T. (1999). The evaluation concept of IN-TELE : Internet competence, computeur anxiety and impression management. In P. MARQUET, S. MATHEY, A. JAILLET, E. NISSEN (Eds), *Internet-Based Teaching and Learning (IN-TELE) 98*. Frankfurt am Main. Peter Lang, 552-558.

SULER, J.S. (1998). *Adolescents in Cyberspace : the good, the bad, and the ugly*. Lawrenceville, NJ, Rider University.

TARDY, M. (1992). *Les portables de Haguenau*. Rapport de recherche, Strasbourg, Rectorat de l'Académie de Strasbourg.

TRAVERSO, V. (1999). *L'analyse des conversations*. Paris, Nathan.

TURKLE, S. (1995). *Life on the screen*. New York, Simon and Schuster.

VALCKE, M., THORPE, M. (1995). Distance education : a particular context for teachnig and learning. *European Journal of Psychology of Education*, *10*, 2, 111-119.

VAN ZANTEN, A. (2001). *L'école de la périphérie. Scolarité et ségrégation en banlieue*. Paris, PUF.

VOSS, R.S. (1996). *Internet use research survey*, http://cmhcsys.com/mlists/research/1524.html (dernière connexion le 12/01/2002).

VUIROKARI, R. (2003). Ressources d'apprentissage européennes. In C. DESMOUINS, P. MARQUET, D. BOUHINEAU (Eds), *Actes de la conférence EIAH 2003 (Environnements Informatiques pour l'Apprentissage Humain)*. Paris. INRP, 31-39.

WAGNER, E.D. (1994). In support of a functional definition of interaction. *American Journal of Distance Education*, 2, 6-29.

WALTHER, J.B. (1992). Interpersonal effects in computer-mediated interaction : a relational perspective. *Communication Research*, *19*, 1, 52-90.

— (1995). Relational aspects of computer-mediated communication : experimental observations over time. *Organization Science*, *6*, 2, 186-203.

WANG, W. (2001). Internet dependency and psychosocial maturity among college students. *International Journal of Human-Computer Studies*, *55*, 919-938.

WATSON, J.S. (1998). «If you don't have it, you can find it». A close look at students' perceptions of using technology. *Journal of the American Society for Information Science*, *49*, 1024-1036.

WATZLAWICK, P., HELMICK BEAVIN, J., JACKSON, D. (1972). *Une logique de la communication*. Paris, Seuil.

ZHANG, S., FULFORD, C. (1994). Are interaction time and psychological interactivity the same thing in the distance learning television classroom? *Educational Technology Research and Development*, July-August, 58-64.

Table des matières

Chapitre 1
Introduction 7

1.1. Des TIC de plus en plus présentes 7

1.2. Les termes du débat pédagogique 9

1.3. L'approche choisie 11

Chapitre 2
L'évolution des matériels informatiques et des usages pédagogiques 15

2.1. Le temps de réaction très court de l'institution scolaire 16
2.1.1. *L'évolution des ordinateurs* 16
2.1.2. *Les vagues successives d'équipement des établissements scolaires* .. 18

2.2. L'évolution des usages pédagogiques 22
2.2.1. *Panorama des usages courants et des outils disponibles* 22
2.2.2. *Quel niveau d'analyse pour rendre compte des modifications consécutives à l'introduction des TIC ?* 25

Chapitre 3
Les modifications du discours pédagogique et leurs conséquences sur le comportement d'auditeur, selon une approche technicisée 29

3.1. Une méthode d'analyse indépendante du contenu et centrée sur les aspects morphosyntaxiques du discours 31
3.1.1. *La méthode de Bronckart et les discours architypiques* 32
3.1.2. *Un enseignement en amphithéâtre comparé à une télé-présentation* . 35
3.1.3. *Un CD-ROM comparé à un manuel* 38
3.1.4. *Intérêts et limites de la méthode* 41

3.2. Une méthode d'observation du comportement d'auditeur des apprenants .. 43
3.2.1. *La comparaison d'apprenants en amphithéâtre et en télé-présentation* .. 43
3.2.2. *La comparaison d'apprenants en amphithéâtre et en projection vidéo-différée* 45

3.3. Discours pédagogique et comportement d'auditeur : quelles relations? .. 48

Chapitre 4
Les apports des réseaux à la pédagogie selon une approche médiatisée 53

4.1. Quels apports attendus de l'exploitation des réseaux numériques en pédagogie? 54

4.2. Dimensions, mesures et conséquences de la distance en formation aux langues par visioconférence 57
    4.2.1. *Quelques caractéristiques de la communication à distance* 58
    4.2.2. *La notion de distance et ses déclinaisons* 59
    4.2.3. *Une dichotomie heuristique : les distances matérielles et immatérielles* .. 60
        4.2.3.1. Les caractéristiques des distances matérielles 60
        4.2.3.2. Les caractéristiques des distances immatérielles 61
    4.2.4. *Le dispositif d'observation* 62
    4.2.5. *Résultats* 65
        4.2.5.1. Les distances matérielles 66
        4.2.5.2. Les distances immatérielles 66
    4.2.6. *Quels effets pour quelle distance?* 67

4.3. Les premiers effets de la connexion des lycées à l'Internet.................... 68
    4.3.1. *Une enquête sur les usages de l'Internet et l'évolution des attitudes des lycéens* 71
        4.3.1.1. Les résultats d'une enquête similaire au Québec 71
        4.3.1.2. Les effets du programme IN-TELE 73
        4.3.1.3. Des manifestations de l'Internet scolarisé en guise d'effets ... 76
    4.3.2. *Zooms sur les résultats scolaires et l'orientation des élèves* 77
        4.3.2.1. L'usage des TIC : une variable absente des modélisations de l'orientation scolaire 77
        4.3.2.2. Des secondes «multimédias» comparées à des secondes classiques 78

4.4. Vers un cadre d'analyse plus global : les situations d'enseignement-apprentissage instrumentées 82

Chapitre 5
Éléments de la genèse instrumentale des artefacts pédagogiques numériques selon une approche instrumentée 87

5.1. Quelques éléments de la genèse instrumentale des cartables numériques .. 88
    5.1.1. *Le cartable numérique étudié* 88
    5.1.2. *Des observations antérieures peu rigoureuses* 90
    5.1.3. *Les conditions d'observation et de mise en œuvre de l'ESV* 92
        5.1.3.1. Cadrages théoriques 93
        5.1.3.2. L'observation des enseignants 95
        5.1.3.3. L'observation des élèves 96
        5.1.3.4. L'observation des parents 97
    5.1.4. *Résultats* 98
        5.1.4.1. La genèse instrumentale par les enseignants 98
        5.1.4.2. La genèse instrumentale par les élèves 99

5.1.4.3. La genèse instrumentale par les parents et l'implication
parentale 100

5.2. La perception de l'utilité documentaire du Web 103
5.2.1. *Les variables connues pour influencer la perception des utilisateurs...* 104
5.2.2. *Procédé d'observation* 106
    5.2.2.1. Conception du questionnaire 107
    5.2.2.2. Caractéristiques des sujets 107
5.2.3. *Résultats* 108
    5.2.3.1. Les motifs de recherche d'informations sur le Web 108
    5.2.3.2. Les stratégies de recherches de sites jugés intéressants 109
    5.3.3.3. La localisation de l'information appropriée 110
5.2.4. *Les effets de l'expérience du Web et de la filière scolaire* 111

5.3. Retour sur l'instrumentalisation et l'instrumentation 112

Chapitre 6
Conclusion 115

6.1. TIC et articulation entre théorie et pratique pédagogique 115

6.2. Les conflits instrumentaux : des manifestations des interférences
entre artefacts didactiques, pédagogiques, techniques, sociaux 118

Index des auteurs 121

Liste et détails des sigles 123

Glossaire choisi 125

Références bibliographiques 131

CHEZ LE MÊME ÉDITEUR

PSYCHOLOGIE ET SCIENCES HUMAINES
collection publiée sous la direction de MARC RICHELLE

1 Dr Paul Chauchard : LA MAITRISE DE SOI. 9ᵉ éd.
7 Paul-A. Osterrieth : FAIRE DES ADULTES. 21ᵉ éd.
9 Daniel Widlöcher : L'INTERPRETATION DES DESSINS D'ENFANTS. 13ᵉ éd.
11 Berthe Reymond-Rivier : LE DEVELOPPEMENT SOCIAL DE L'ENFANT ET DE L'ADOLESCENT. 13ᵉ éd.
22 H.T. Klinkhamer-Steketée : PSYCHOTHERAPIE PAR LE JEU. 4ᵉ éd.
24 Marc Richelle : POURQUOI LES PSYCHOLOGUES? 6ᵉ éd.
25 Lucien Israel : LE MEDECIN FACE AU MALADE. 5ᵉ éd.
27 B.F. Skinner : LA REVOLUTION SCIENTIFIQUE DE L'ENSEIGNEMENT. 3ᵉ éd.
38 B.-F. Skinner : L'ANALYSE EXPERIMENTALE DU COMPORTEMENT. 2ᵉ éd.
40 R. Droz et M. Rahmy : LIRE PIAGET. 7ᵉ éd.
42 Denis Szabo, Denis Gagné, Alice Parizeau : L'ADOLESCENT ET LA SOCIETE. 2ᵉ éd.
43 Pierre Oléron : LANGAGE ET DEVELOPPEMENT MENTAL. 2ᵉ éd.
49 T. Ayllon et N. Azrin : TRAITEMENT COMPORTEMENTAL EN INSTITUTION PSYCHIATRIQUE
59 Jacques Van Rillaer : L'AGRESSIVITE HUMAINE
64 X. Seron, J.L. Lambert, M. Van der Linden : LA MODIFICATION DU COMPORTEMENT
65 W. Huber : INTRODUCTION A LA PSYCHOLOGIE DE LA PERSONNALITE. 7ᵉ éd.
66 Emile Meurice : PSYCHIATRIE ET VIE SOCIALE
68 P. Sifnéos : PSYCHOTHERAPIE BREVE ET CRISE EMOTIONNELLE
69 Marc Richelle : B.F. SKINNER OU LE PERIL BEHAVIORISTE
70 J.P. Bronckart : THEORIES DU LANGAGE
71 Anika Lemaire : JACQUES LACAN. 8ᵉ éd. revue et augmentée.
72 J.L. Lambert : INTRODUCTION A L'ARRIERATION MENTALE
73 T.G.R. Bower : DEVELOPPEMENT PSYCHOLOGIQUE DE LA PREMIERE ENFANCE. 4ᵉ éd.
74 J. Rondal : LANGAGE ET EDUCATION
75 Sheila Kitzinger : PREPARER A L'ACCOUCHEMENT
76 Ovide Fontaine : INTRODUCTION AUX THERAPIES COMPORTEMENTALES
77 Jacques-Philippe Leyens : PSYCHOLOGIE SOCIALE. nouvelle édition 1997
78 Jean Rondal : VOTRE ENFANT APPREND A PARLER 3ᵉ éd.
79 Michel Legrand : LE TEST DE SZONDI
80 H.J. Eysenck : LA NEVROSE ET VOUS
81 Albert Demaret : ETHOLOGIE ET PSYCHIATRIE
82 Jean-Luc Lambert et Jean A. Rondal : LE MONGOLISME. 4ᵉ éd.
84 Xavier Seron : APHASIE ET NEUROPSYCHOLOGIE
85 Roger Rondeau : LES GROUPES EN CRISE?
86 J. Danset-Léger : L'ENFANT ET LES IMAGES DE LA LITTERATURE ENFANTINE
87 Herbert S. Terrace : NIM. UN CHIMPANZE QUI A APPRIS LE LANGAGE GESTUEL
88 Roger Gilbert : BON POUR ENSEIGNER?
89 Wing, Cooper et Sartorius : GUIDE POUR UN EXAMEN PSYCHIATRIQUE
90 Jean Costermans : PSYCHOLOGIE DU LANGAGE
91 Françoise Macar : LE TEMPS, PERSPECTIVES PSYCHOPHYSIOLOGIQUES
92 Jacques Van Rillaer : LES ILLUSIONS DE LA PSYCHANALYSE. 4ᵉ éd.
93 Alain Lieury : LES PROCEDES MNEMOTECHNIQUES
94 Georges Thinès : PHENOMENOLOGIE ET SCIENCE DU COMPORTEMENT
95 Rudolph Schaffer : COMPORTEMENT MATERNEL
96 Daniel Stern : MERE ET ENFANT, LES PREMIERES RELATIONS. 3ᵉ éd.
98 Jean-Luc Lambert : ENSEIGNEMENT SPECIAL ET HANDICAP MENTAL
99 Jean Morval : INTRODUCTION A LA PSYCHOLOGIE DE L'ENVIRONNEMENT

100 Pierre Oleron et al. : SAVOIRS ET SAVOIR-FAIRE PSYCHOLOGIQUES CHEZ L'ENFANT
101 Bernard I. Murstein : STYLES DE VIE INTIME
102 Rondal/Lambert/Chipman : PSYCHOLINGUISTIQUE ET HANDICAP MENTAL
103 Brédart/Rondal : L'ANALYSE DU LANGAGE CHEZ L'ENFANT. 2e éd.
104 David Malan : PSYCHODYNAMIQUE ET PSYCHOTHERAPIE INDIVIDUELLE
105 Philippe Muller : WAGNER PAR SES REVES
106 John Eccles : LE MYSTERE HUMAIN
107 Xavier Seron : REEDUQUER LE CERVEAU
108 Moreau/Richelle : L'ACQUISITION DU LANGAGE. 5e éd.
109 Georges Nizard : ANALYSE TRANSACTIONNELLE ET SOIN INFIRMIER
110 Howard Gardner : GRIBOUILLAGES ET DESSINS D'ENFANTS, LEUR SIGNIFICATION. 3e éd.
111 Wilson/Otto : LA FEMME MODERNE ET L'ALCOOL
112 Edwards : DESSINER GRACE AU CERVEAU DROIT. 9e éd.
114 Blancheteau : L'APPRENTISSAGE CHEZ L'ANIMAL
115 Boutin : FORMATION ET DEVELOPPEMENTS
116 Húsen : L'ECOLE EN QUESTION
117 Ferrero/Besse : L'ENFANT ET SES COMPLEXES
118 R. Bruyer : LE VISAGE ET L'EXPRESSION FACIALE
119 J.P. Leyens : SOMMES-NOUS TOUS DES PSYCHOLOGUES?
120 J. Château : L'INTELLIGENCE OU LES INTELLIGENCES?
121 M. Claes : L'EXPERIENCE ADOLESCENTE
122 J. Hayes et P. Nutman : COMPRENDRE LES CHOMEURS
123 S. Sturdivant : LES FEMMES ET LA PSYCHOTHERAPIE
124 A. Pomerleau et G. Malcuit : L'ENFANT ET SON ENVIRONNEMENT
125 A. Van Hout et X. Seron : L'APHASIE DE L'ENFANT
126 A. Vergote : RELIGION, FOI, INCROYANCE
127 Sivadon/Fernandez-Zoïla : TEMPS DE TRAVAIL, TEMPS DE VIVRE
129 Hamers/Blanc : BILINGUALITE ET BILINGUISME
130 Legrand : PSYCHANALYSE, SCIENCE, SOCIETE
131 Le Camus : PRATIQUES PSYCHOMOTRICES
132 Lars Fredén : ASPECTS PSYCHOSOCIAUX DE LA DEPRESSION
133 Mount : LA FAMILLE SUBVERSIVE
135 Dailly/Moscato : LATERALISATION ET LATERALITE CHEZ L'ENFANT
136 Bonnet/Tamine-Gardes : QUAND L'ENFANT PARLE DU LANGAGE
137 Bruyer : LES SCIENCES HUMAINES ET LES DROITS DE L'HOMME
138 Taulelle : L'ENFANT A LA RENCONTRE DU LANGAGE
139 de Boucaud : PSYCHOLOGIE DE L'ENFANT ASTHMATIQUE
140 Duruz : NARCISSE EN QUETE DE SOI
143 Debuyst : MODELE ETHOLOGIQUE ET CRIMINOLOGIE
144 Ashton/Stepney : FUMER
145 Winkel et al. : L'IMAGE DE LA FEMME DANS LES LIVRES SCOLAIRES
146 Bideau/Richelle : PSYCHOLOGIE DEVELOPPEMENTALE
147 Schmid-Kitsikis : THEORIE CLINIQUE ET FONCTIONNEMENT MENTAL
148 Guggenbühl/Craig : POUVOIR ET RELATION D'AIDE
149 Rondal : LANGAGE ET COMMUNICATION CHEZ LES HANDICAPES MENTAUX
150 Moscato et al. : FONCTIONNEMENT COGNITIF ET INDIVIDUALITE
151 Château : L'HUMANISATION OU LES PREMIERS PAS DES VALEURS HUMAINES
152 Avery/Litwack : NEE TROP TOT
154 Kellens : QU'AS-TU FAIT DE TON FRERE?
155 Rondal/Henrot : LE LANGAGE DES SIGNES. 2e éd.
156 Lafontaine : LE PARTI PRIS DES MOTS
157 Bonnet/Hoc/Tiberghien : AUTOMATIQUE, INTELLIGENCE ARTIFICIELLE ET PSYCHOLOGIE
158 Giovannini et al. : PSYCHOLOGIE ET SANTE
159 Wilmotte et al. : LE SUICIDE
160 Giurgea : L'HERITAGE DE PAVLOV

161 Ionescu : MANUEL D'INTERVENTION EN DEFICIENCE MENTALE N° 1
162 Ionescu : MANUEL D'INTERVENTION EN DEFICIENCE MENTALE N° 2
163 Pieraut-Le Bonniec : CONNAITRE ET LE DIRE
164 Huber : PSYCHOLOGIE CLINIQUE AUJOURD'HUI
165 Rondal *et al.* : PROBLEMES DE PSYCHOLINGUISTIQUE
166 Slukin : LE LIEN MATERNEL
167 Baudour : L'AMOUR CONDAMNE
168 Wilwerth : VISAGES DE LA LITTERATURE FEMININE
169 Edwards : VISION, DESSIN, CREATIVITE. *3ᵉ éd.*
170 Lutte : LIBERER L'ADOLESCENCE
171 Defays : L'ESPRIT EN FRICHE
172 Broome Walace : PSYCHOLOGIE ET PROBLEMES GYNECOLOGIQUES
173 Aimard : LES BEBES DE L'HUMOUR
174 Perruchet : LES AUTOMATISMES COGNITIFS
175 Bawin-Legros : FAMILLES, MARIAGE, DIVORCE
176 Pourtois/Desmet : EPISTEMOLOGIE ET INSTRUMENTATION EN SCIENCES HUMAINES. *2ᵉ éd.*
177 Sloboda : L'ESPRIT MUSICIEN
178 Fraisse : POUR LA PSYCHOLOGIE SCIENTIFIQUE
179 Ruffiot : PSYCHOLOGIE DU SIDA
180 McAdams/Deliège : LA MUSIQUE ET LES SCIENCES COGNITIVES
181 Argentin : QUAND FAIRE C'EST DIRE...
182 Van der Linden : LES TROUBLES DE LA MEMOIRE
183 Lecuyer : BEBES ASTRONOMES, BEBES PSYCHOLOGUES : L'INTELLIGENCE DE LA 1ʳᵉ ANNEE
184 Immelmann : DICTIONNAIRE DE L'ETHOLOGIE
186 Fontana : GERER LE STRESS
187 Bouchard : DE LA PHENOMENOLOGIE A LA PSYCHANALYSE
188 Chanceaulme : MOURIR, ULTIME TENDRESSE
189 Rivière : LA PSYCHOLOGIE DE VYGOTSKY
190 Lecoq : APPRENTISSAGE DE LA LECTURE ET DYSLEXIE
191 de Montmolin/Amalberti/Theureau : MODELES DE L'ANALYSE DU TRAVAIL
193 Grégoire : EVALUER L'INTELLIGENCE DE L'ENFANT
194 Gommers/van den Bosch/de Aguilar : POUR UNE VIEILLESSE AUTONOME
195 Van Rillaer : LA GESTION DE SOI
196 Lecas : L'ATTENTION VISUELLE
197 Macquet : TOXICOMANIES ET FORMES DE LA VIE QUOTIDIENNE
198 Giurgea : LE VIEILLISSEMENT CEREBRAL
199 Pillon : LA MEMOIRE DES MOTS
200 Pouthas/Jouen : LES COMPORTEMENTS DU BEBE : EXPRESSION DE SON SAVOIR ?
201 Montangero/Maurice-Naville : PIAGET OU L'INTELLIGENCE EN MARCHE
202 Colin A. Epsie : LE TRAITEMENT PSYCHOLOGIQUE DE L'INSOMNIE
203 Samalin-Amboise : VIVRE A DEUX
204 Bourhis/Leyens : STEREOTYPES, DISCRIMINATION ET RELATIONS INTERGROUPES
205 Feltz/Lambert : ENTRE LE CORPS ET L'ESPRIT
206 Francès : MOTIVATION ET EFFICIENCE AU TRAVAIL
207 Houziaux : EDUCATION DU PATIENT ET ORDINATEUR
208 Roques : SORTIR DU CHOMAGE
209 Bléandonu : L'ANALYSE DES REVES ET LE REGARD MENTAL
210 Born/Delville/Mercier/Snad/Beeckmans : LES ABUS SEXUELS D'ENFANTS
211 Siguan : L'EUROPE DES LANGUES
212 de Bonis : CONNAITRE LES EMOTIONS HUMAINES
213 Retschitzki/Gurtner : L'ENFANT ET L'ORDINATEUR
214 Leyens/Yzerbyt/Schadron : STEREOTYPES ET COGNITION SOCIALE
215 Tiberghien : LA MEMOIRE OUBLIEE
216 Wynants : L'ORTHOGRAPHE, UNE NORME SOCIALE
217 Rondal : L'EVALUATION DU LANGAGE
218 Moreau : SOCIOLINGUISTIQUE, CONCEPTS DE BASE

219 Rouquette : LA CHASSE À L'IMMIGRÉ
220 Grubar/Duyme/Cote et al. : LA PRÉCOCITÉ INTELLECTUELLE DE LA MYTHOLOGIE À LA GÉNÉTIQUE. 2ᵉ éd.
221 Pomini et al. : THÉRAPIE PSYCHOLOGIQUE DES SCHIZOPHRÉNIES
222 Houdé et al. : DESCARTES ET SON ŒUVRE AUJOURD'HUI
223 Richelle : DÉFENSE DES SCIENCES HUMAINES
224 Leclercq : POUR UNE PÉDAGOGIE UNIVERSITAIRE DE QUALITÉ
225 Gillis : L'AUTISME ATTRAPÉ PAR LE CORPS
226 Pithon : LES TENDANCES ACTUELLES DE L'INTERVENTION PRÉCOCE EN EUROPE
227 Montangero : RÊVE ET COGNITION
228 Stern : LA FICTION PSYCHANALYTIQUE
229 Grégoire : L'ÉVALUATION CLINIQUE DE L'INTELLIGENCE DE L'ENFANT
230 Otte : LES ORIGINES DE LA PENSÉE
231 Rondal : LE LANGAGE : DE L'ANIMAL AUX ORIGINES DU LANGAGE HUMAIN
232 Gauthier : POUVOIR ET LIBERTÉ EN POLITIQUE - ACTUALITÉ DE SPINOZA
233 Zazzo : UNE MÉMOIRE POUR DEUX
234 Rondal : APPRENDRE LES LANGUES
235 Keller : PERCEVOIR : MONDE ET LANGAGE
236 Richard : PSYCHIATRIE GÉRIATRIQUE
237 Roussiau/Bonardi : LES REPRÉSENTATIONS SOCIALES
238 Liénard : L'INSERTION : DÉFI POUR L'ANALYSE, ENJEU POUR L'ACTION
239 Santiago-Delefosse : PSYCHOLOGIE DE LA SANTÉ
240 Grosjean : VICTIMISATION ET SOINS DE SANTÉ
241 Edwards : DESSINER GRÂCE AU CERVEAU DROIT
242 Borillo/Goulette : COGNITION ET CRÉATION
243 Ranwet : VICTIMES D'AMOUR
244 Bénesteau : MENSONGES FREUDIENS
245 Jacob : LA CURIOSITÉ
246 Coquelle : LE PSY ET LE POLITIQUE
247 Colletta : LES ÉMOTIONS
248 Mantz-Le Corroller : QUAND L'ENFANT DE SIX ANS DESSINE SA FAMILLE
249 Rosier : PSYCHOLOGIE DE LA PERSONNALITÉ
250 Bourguignon : QUESTIONS ÉTHIQUES EN PSYCHOLOGIE
251 Defays : LE FRANÇAIS LANGUE ÉTRANGÈRE ET SECONDE
252 Emilien : L'ANXIÉTÉ SOCIALE
253 Henriques : LA FORMATION DES RAISONS
254 Colletta : LE DÉVELOPPEMENT DE LA PAROLE CHEZ L'ENFANT ÂGÉ DE 6 À 11 ANS

Manuels et Traités

Droz-Richelle : MANUEL DE PSYCHOLOGIE. 5ᵉ éd.
Rondal-Esperet : MANUEL DE PSYCHOLOGIE DE L'ENFANT. Nlle éd.
Rondal-Seron : LES TROUBLES DU LANGAGE. Nlle éd.
Fontaine-Cottraux-Ladouceur : CLINIQUES DE THERAPIE COMPORTEMENTALE. 2ᵉ éd.
Godefroid : LES CHEMINS DE LA PSYCHOLOGIE. 2ᵉ éd.
Seron-Jeannerod : NEUROPSYCHOLOGIE HUMAINE. 2ᵉ éd.